フランス人は、
3つの調理法で
野菜を食べる。

上田淳子

Introduction
フランスマダムに学んだ、おいしい野菜料理

フランスのマルシェには、そのシーズンの野菜が山のように並びます。夏のトマト、秋のきのこ、春を告げるアスパラガス……。昔の日本がそうであったように、食卓に並ぶ野菜で季節を感じるのです。そしてフランスのマダム達は、ここぞとばかりに季節の野菜をキロ単位で買っていきます。あんなに多くの野菜を毎日どうやって食べているのだろう？　野菜の味が濃いから食べられるのかな？　それにしても毎日飽きないのかな？　当時、私はそんな疑問を持ち続けていました。いくつかの季節を通してフランスで過ごす中、その疑問に対する答えをくれたのは、他でもない普通の主婦達でした。

　日本人は同じ素材を続けて食べる際、味つけを替えて調理するのが一般的です。一方フランスのマダム達は、味ではなく加熱の仕方によって野菜のいろいろな顔を引き出し、その違いを楽しみます。新鮮なおいしさを堪能したいときは、サラダとして生で食べるか、さっと火を通して歯ごたえを残す。野菜の本来の甘みを楽しみたいときは、くったりするまでじっくり加熱する。よりジューシーに仕上げたいなら、蒸気をプラスしてふっくら蒸し上げる。凝縮したうまみを味わうために、野菜が持つ水分を飛ばしながらオーブンでじっくり焼き上げる……。
“加熱のグラデーション”によって野菜本来の味を多面的に楽しむことこそ、フランスの野菜料理の醍醐味なのです。食材の様々な可能性を引き出し、それを味わい尽くす。親しくなったマダム達に教えてもらった多くのことは、私にとってまさに目からウロコでした。

　フランスの家庭料理における野菜の調理法は、大きく分けると３つです。「サラダ、エチュベ（蒸し煮）、オーブン焼き」。どれも、シンプルな調理法ですが、ちょっとしたコツを知ればいつもの野菜料理がぐっとおいしくなります。フランスマダムの知恵を上手にとり入れることで、皆さまの食卓がたっぷりの野菜でにぎわうことを願っています。

上田淳子

野菜をおいしく食べる、ちょっとしたコツ
Point

1. 組み合わせのコツ

昔から、同じ色合いの素材同士は相性がいいといわれています。野菜もグリーンの野菜、白い野菜……と色を揃えて組み合わせてみてください。味のなじみがよく、見た目にもきれいな一品に仕上がります。また、旬が同じ野菜や、根菜や実野菜というように育ち方が同じ野菜も相性よし！　組み合わせに迷ったら、試してみましょう。

2. 切り方で味わいが変わる

同じ野菜でも、切り方を変えると印象がまったく違う味わいになります。例えば、にんじん。せん切りならシャキシャキと軽い食感で繊細な味わいですが、大きめの乱切りにするとポリポリとした歯ごたえが楽しめ、にんじんの持つ香りや甘みを強く感じられます。いろいろな切り方を試し、新しいおいしさを発見してください。

3. 水を吸収させ、生き返らせる

葉野菜をサラダにするとき、基本の下ごしらえとして、しばらく水にさらしてパリッとさせますが、蒸し煮などの加熱調理のときも同様にすると、おいしさがぐんとアップします。根元をたっぷりの水につけ、野菜を元気な状態にしてから加熱してみてください。このひと手間で、加熱したときに野菜のうまみや甘みが出てきます。

4. 余熱を計算に入れる

野菜をゆでる、蒸し煮にする……すべての加熱調理に共通することですが、仕上がりイメージのちょっと手前で火から下ろすことを心掛けてください。余熱で火が入るので、それを計算に入れること。Part2「エチュベ（蒸し煮）」でも火の通し方にこだわった2つの方法を紹介していますが、食感はおいしさを左右する大事な要素です。

Contents

Salade
サラダ

004 フランスマダムに学んだ、おいしい野菜料理
006 野菜をおいしく食べる、ちょっとしたコツ

---

column 1 (P. 056)
持ちよりギフトサラダ
・サラダボックス
・サラダドレッシング3種
・カラフル野菜のゼリー

column 2 (P. 090)
野菜ディップでアペリティフ
・ブロッコリーのディップ
・かぼちゃのスパイシーディップ
・きのこのディップ
・じゃがいもとしらすのディップ

column 3 (P. 122)
週末のごちそうディナー
・塩豚のロースト オニオンソース
・トマトパイ
・クレソンとマッシュルームのサラダ

【この本の使い方】
・材料は「2人分」を基本にしています。
・小さじ1＝5ml、大さじ＝15ml、1カップ＝200mlです。
・火加減は特に表示のない限り、中火です。
・レシピ上、野菜の「洗う」「皮をむく」などの
　通常の下ごしらえは省略してあります。
　特に指示のない限り、その作業をしてから調理してください。
・塩は粗塩や自然塩を使用しています。
　精製塩を使う場合は、分量より少し少なめにしてください。
・電子レンジは600Wのものを使用したときの
　加熱時間の目安です。500Wの場合は加熱時間を1.2倍に、
　700Wの場合は0.8倍にしてください。
・オーブンの焼き時間はあくまで目安です。

012 サラダ、2つの方法
014 サラダドレッシング

● ボリュームサラダ
016 サラダ・パリジェンヌ
018 サラダ・ニソワーズ
020 サラダ・ナタリー
022 イチジクと生ハムのサラダ
024 カリフラワーとホタテのオレンジマリネ
026 白いサラダ
027 赤いサラダ
030 ステーキサラダ
032 サラダ・キヌア
034 焼き根菜と豚肉のサラダ
　　　　　　ドライフルーツヴィネグレット
036 サラダ・グルマンド
037 焼きシェーブルサラダ
038 きのこと豆のマリネ
039 サーモンのタルタル

● シンプルサラダ
040 きゅうりとディルのヨーグルトサラダ
042 グリーンサラダ
043 ハーブサラダ
044 トマトサラダ
044 キャロットラペ
045 焼きパプリカのマリネ
045 いんげんとくるみのサラダ
048 アスパラガスとポーチドエッグのサラダ
050 小松菜のサラダ　ベーコンドレッシング
052 揚げ野菜のマリネ
054 じゃがいものサラダ　ソース・ラヴィゴット
055 セロリ・レムラード

Étuvée
エチュベ（蒸し煮）

062 エチュベ、2つの方法

● クタクタのエチュベ

064 米なすとトマトの南仏蒸し
066 ホワイトアスパラガスのエチュベ
066 小松菜のエチュベ
067 にんじんのエチュベ
067 ねぎのエチュベ
068 玉ねぎと鶏肉のタジン風
070 白菜とポルチーニのクリーム蒸し煮
072 じゃがいもとたらのオイル蒸し煮
074 いんげんと塩豚のエチュベ
075 さつまいもとかぼちゃの
　　　スパイスハニーバター
076 スープ・ペイザンヌ
077 グリンピースとレタスのスープ
078 3種のポタージュ
　　　にんじんのポタージュ
　　　かぶのポタージュ
　　　ごぼうのポタージュ

● 歯ごたえを残したエチュベ

080 春野菜のエチュベ
082 かぶのエチュベ
082 れんこんのエチュベ
083 パプリカのエチュベ
083 ズッキーニのエチュベ
084 オクラとえびのサブジ風
086 野菜とドライトマトのエチュベ
086 ブロッコリーとカリフラワーのチーズマリネ
088 春キャベツとあさりのエチュベ
089 芽キャベツとプチヴェールのオイル煮

Au four
オーブン焼き

096 オーブン焼き、2つの方法

● オープンタイプ

098 いろいろ野菜のハーブ焼き
100 ズッキーニのオーブン焼き
100 トマトのガーリックオイル焼き
101 アボカドのマヨネーズ焼き
101 なすのロースト
102 トマト・ファルシ
104 2種のグラチネ
　　　カリフラワーのグラチネ
　　　ほうれん草のグラチネ
106 かぶとぶりのスパイス焼き
107 きのこファルシ

● クローズタイプ

108 玉ねぎとベーコンの蒸し焼き
110 ブロッコリーのにんにくオイル焼き
110 里いものゴルゴンゾーラ焼き
111 にんじんの白ワイン焼き
111 チコリのバター焼き
112 きのこと鶏むね肉のマスタード焼き
114 グリーン野菜とホタテの包み焼き
　　　レモンくるみバター風味
116 白身魚の南仏風蒸し焼き
118 紫キャベツのココット焼き
120 りんご、セロリ、鶏肉のココット焼き

126 Index

1
Salade
サラダ

「ドレスをまとう」からドレッシング。
フランスにドレッシングをかける
サラダはありません。

　サラダ好きは、日本もフランスも変わりません。ただ、朝の食卓にサラダが並ぶ日本とは違い、多くの人がコンチネンタルブレックファスト（コーヒーなどの飲み物とパンが中心の簡単な朝食）であるフランスでは、朝から生野菜を食べる習慣はないようです。

　日本とフランスのサラダの何よりも大きな違いは、日本ではドレッシングは「かけるもの」なのに対し、フランスでは「からめるもの」であること。ちょっとした違いなのですが、野菜にドレッシングをしっかりからめるとサラダがすこぶるおいしくなる！ことを、フランス留学中に学びました。ドレッシングをかけただけの葉っぱは素材のままですが、ドレッシングをからめた途端に料理になる感じでしょうか。からめれば、ドレッシングを必要以上に使わなくてすむというオマケつきです。「サラダにも手を抜かない」フランス人の合理的かつ食いしん坊精神を感じ、うれしくなります。

　外でランチを食べるフランス人の中には、menu と呼ばれる「前菜、メイン、デザート」のセットを食す人（日本でいう定食のイメージ）がいる一方、若い女性の間ではタンパク質を含む食材を合わせたボリュームのあるサラダのみですませる人が増えています。葉野菜にパテやチーズ、ハム、焼いた肉などをのせたサラダに、後はパンさえあれば充実したランチになるのです。

　また、ディナーでも、本来はメイン料理にはじゃがいものフリットやマッシュなどの温野菜をつけますが、最近では「つけ合わせには、じゃがいもの代わりに生野菜サラダをたっぷり添えて」と注文する女性が多いとか。本章では、そんな彼女たちにも人気の1品でしっかり食べられる"ボリュームサラダ"とつけ合わせや＋1品に役立つ"シンプルサラダ"をご紹介します。

Salade
サラダ、2つの方法

フランスでよく食べられるサラダを大きく分けると、次の2つに分けられます。基本のコツさえ覚えたら、いつものサラダの味がぐんと上がります。

Complet
ボリュームサラダ

パリジェンヌの多くがランチに食べているサラダ。おいしく作るコツは、以下の4つの素材を組み合わせること。あれこれ足さなくても、4つが揃えば味わいが一気に立体的になります。肉や魚もここではあくまで脇役。メイン野菜を引き立てるには何が必要かを考え、素材を組み合わせます。

➡ P.016-039へ

メイン野菜

たっぷり食べたい葉野菜や根菜などを、その日の気分で！ レタス、キャベツ、サラダ菜、ベビーリーフなどの葉野菜やじゃがいも、カリフラワーなど。

サブ野菜

メイン野菜と相反する味わいの野菜。または、メイン野菜と似た味わいの野菜。玉ねぎ、マッシュルーム、オレンジやりんごなどのフルーツ、豆類など。

タンパク質

ボリュームを出し、うまみを加える役目。鶏肉、豚肉、牛肉、魚介（まぐろ、かつお、いか、えびなど）、ハムやソーセージ、パテなどの肉の加工品など。

アクセント

香りや食感を加える、ナッツ、ドライフルーツ、チーズ、ハーブなど。味わいの強い野菜がメインなら、反対にやさしい味わいの素材をアクセントにする場合も。

Simple シンプルサラダ

フランスのサラダの主流。基本的に使う野菜は1種類。ときには、アクセントになる素材を足してもいいでしょう。メイン料理と共に、または前菜として食べます。その野菜の持ち味を際立てるようなドレッシングであえるのがコツ。同じ野菜でも切り方次第で味わいが異なり、相性のいいドレッシングも変わります。

➡ P.040-055へ

クセの少ない野菜

繊細な味わいを楽しみたいときは小さめor細めに切り、フレンチドレッシングなどであえる。食感をいかしたいときは大きめに切り、マヨネーズやヨーグルトソースなどで調味。野菜例：きゅうり／にんじん／トマト／レタス／玉ねぎ

個性的な野菜

香りが強い、苦みがある……などインパクトが強い野菜は、アンチョビやベーコン、卵などのパンチやコクがある素材を使ったドレッシングが合う。野菜例：ごぼう／れんこん／クレソン／チコリ／ハーブ類

サラダドレッシング

フランスのサラダの基本ドレッシングは、次の2つです。
これを基本に、アクセントとなる素材を足すことで、
バリエーションも広がります。

フレンチドレッシング
Sauce vinaigrette

サラダのドレッシングの基本中の基本。素材に合わせ、赤ワインビネガーをレモン汁やバルサミコ酢に、サラダ油をオリーブ油などに替えて使います。
（日持ちの目安：冷蔵庫で1週間）

割合の目安

酢 (1)	油 (2〜3)	マスタード (¼〜⅓)

材料（約50ml分）
赤ワインビネガー…大さじ1
フレンチマスタード…小さじ1
塩…小さじ¼〜⅓
こしょう…少々
サラダ油…大さじ2〜3

❶ 大きめのボウルにサラダ油以外を入れ、塩が溶けるまでよく混ぜ合わせる。
❷ サラダ油を少しずつ加えてよく混ぜ合わせ、全体にとろりとしたらでき上がり。

+ ハーブ

玉ねぎ、ケッパー、ピクルス、パセリのみじん切りを混ぜる。
⇒ P.054「じゃがいものサラダ ソース・ラヴィゴット」

+ スパイス

クミンシードを混ぜ合わせる。
⇒ P.046「キャロットラペ」

+ 果汁

オレンジ果汁などを混ぜ合わせる。⇒ P.024「カリフラワーとホタテのオレンジマリネ」

Point

サラダ油を加えるのは、塩が溶けてから。乳化するまでよく混ぜ合わせる。

サラダの作り方の基本

Step.1　Step.2　Step.3　Step.4

❶ 大きめのボウルに油以外のドレッシングの材料を入れ、スプーンの背でよく混ぜ合わせる。
❷ 塩が完全に溶けたら（ジャリジャリしているうちはまだ溶けていない）油を少しずつ加えて混ぜ、よく乳化させる。
❸ 野菜の水けをよくきる。サラダスピナーがない場合は、乾いたふきんに野菜を重ならないように並べ、くるくると手前からふんわりと巻く。両端を持って振り、水けをよくきるといい。ふきんにくるんだまま冷蔵保存可能（3日ほど）。
❹ ❸をちぎって❷のドレッシングに加え、全体によくあえる。

マヨネーズ
Sauce mayonnaise

手作りのマヨネーズはあっさりとしてくどくないのが特徴です。卵と油の温度が違うと分離してしまうので、卵は必ず常温にもどして使います。
（日持ちの目安：冷蔵庫で1週間）

割合の目安

酢	油	マスタード	卵黄
(1)	(10)	(⅓)	(1½)

材料（約180ml分）

フレンチマスタード…小さじ1
卵黄…1個分　　塩…小さじ⅔
こしょう…少々　サラダ油…150ml
酢（またはレモン汁）…大さじ1

酸味が苦手な場合は、酢の量を小さじ2にしても。

❶ ボウルにサラダ油、酢以外の材料を入れて泡立て器で塩が溶けるまでよく混ぜる。
❷ サラダ油を少し加え、分離しないようにゆっくり混ぜる。卵黄と油が完全に乳化したら、さらに油を少し加えて混ぜる、を繰り返す。
❸ 仕上げに酢を加え、よく混ぜ合わせる。

＋ヨーグルト

プレーンヨーグルトを混ぜると、あっさり！
⇒ P.028「白いサラダ」

＋ハーブ

ディルなどのハーブを刻み、マヨネーズと混ぜ合わせる。
⇒ P.039「サーモンのタルタル」
（水きりヨーグルトもプラス）

＋アンチョビ

アンチョビを細かく刻み、マヨネーズと混ぜ合わせる。

Point
卵黄と油が完全に乳化した状態。油を少し加えては混ぜるのがコツ。

油と酢の使い分け

❶ **サラダ油**　フランスでは味にクセのないひまわり油やなたね油が一般的。本書では具材を選ばないサラダ油を基本に。
❷ **オリーブ油**　フランスの南の地方ではオリーブ油をよく使う。南仏でよく採れるトマトなどの野菜と相性バツグン。
❸ **くるみ油**　くるみならではの甘くて香ばしい香りが特徴。ハーブやチーズを使ったサラダと相性がいい。

❹ **赤ワインビネガー**　味が決まりやすいので、1本目の酢としてぜひ用意して。
❺ **バルサミコ酢**　ぶどうを長期熟成した酢で、コクがあり酸味はまろやか。少しクセのある野菜、香りや風味が強い野菜に。
❻ **レモン**　さわやかな香りをつけたいときに。魚介のサラダなどに使うと臭みが消えるのでおすすめ。

ボリュームサラダ
Complet

サラダ・パリジェンヌ
Salade parisienne

パリのカフェなら、必ずといっていいほどメニューにある定番のサラダ。
サラダ菜とハム、チーズを合わせるのが一般的です。
チーズは現地ではコンテを使うことが多いですが、ハード系チーズをお好みでどうぞ。

材料（2人分）
サラダ菜…大1株（150g）
マッシュルーム…4個
ハム…60g
チーズ（コンテなど）…40g
パセリのみじん切り…大さじ1
レモン汁または酢…小さじ1弱

【フレンチドレッシング】
赤ワインビネガー…小さじ2〜3
フレンチマスタード…小さじ1弱
塩、こしょう…各適量
サラダ油…大さじ2

❶ 具材の準備
サラダ菜は1枚ずつはがして冷水につけ、パリッとしたら水けをしっかりとり、食べやすくちぎる。マッシュルームは石づきをとり除き、5mm幅に切り、レモン汁をからめる。ハム、チーズは食べやすい大きさに切る。

❷ フレンチドレッシングを作る
大きめのボウルに赤ワインビネガー、マスタード、塩、こしょうを入れてよく混ぜる。塩が溶けたらサラダ油を少しずつ加え、さらによく混ぜる。

❸ あえる
②に①のハム以外とパセリを加え、全体にドレッシングをからめる。器に盛り、ハムをのせる。

マッシュルームにからめるレモン汁は色止めの役目のほかに、
酸味がサラダ全体のアクセントにもなります。

サラダ・ニソワーズ
Salade niçoise

まぐろやオリーブなど、南仏・ニースの食材を使うサラダをアレンジ。
まぐろはリーズナブルなもので構わないので"さく"で買い求め、
ごまをつけてたたきにしましょう。
ごま風味のルッコラをプラスしたら、香ばしさが口の中いっぱいに。

材料（2人分）
ミニトマト…大5個
ルッコラ…1パック（30〜40g）
まぐろ（刺し身用）…1さく（150g）
いりごま（黒、白）…各小さじ2
黒オリーブ…5粒
塩…小さじ1/3
オリーブ油…小さじ2

【フレンチドレッシング（にんにく風味）】
赤ワインビネガー…小さじ2〜3
おろしにんにく…ごく少量
フレンチマスタード…小さじ1弱
塩、こしょう…各適量
オリーブ油…大さじ2

❶ **まぐろをたたきにする**
まぐろは縦半分に切り、塩を全体にすり込む。冷蔵庫に20分ほどおき、出てきた水分をキッチンペーパーで軽く拭く。バットにいりごま2種を広げ、まぐろの表面に押しつけるようにしてごまを張りつける。フライパンにオリーブ油を熱し、まぐろをのせ、強めの中火で焼く。1面15秒を目安に、4面の表面のみをこんがりと焼きつけ、冷めたら1.5cm幅に切る。

❷ **野菜の準備**
ルッコラはたっぷりの冷水につけ、パリッとしたら水けをしっかりとる。ミニトマトは縦半分に切り、オリーブは輪切りにする。

❸ **フレンチドレッシングを作る**
大きめのボウルに赤ワインビネガー、おろしにんにく、マスタード、塩、こしょうを入れてよく混ぜる。塩が溶けたらオリーブ油を少しずつ加え、さらによく混ぜる。

❹ **あえる**
③に②を入れて全体にドレッシングをからめる。①を加えてさっくりとあえる。

まぐろを焼くときはあまり動かさないこと。焼き色がついたら、面を変え、再び焼き色をつける……を繰り返します。

サラダ・ナタリー
Salade Nathalie

知人のワイナリーのマダム、ナタリーが、
バーベキューで肉が焼けるのを待つ間にパパッと作ってくれたサラダ。
りんごの酸味とイチジクの甘み、くるみのコリコリ感が絶妙です。
あえたでも、翌日の味がなじんだ感じもおいしい。

材料（2人分）
キャベツ…200g
りんご…½個
ソーセージ（太いもの）…1本（100g）
くるみ（素焼き）…20g
ドライイチジク…大1個（20g）

【ドレッシング】
レモン汁…小さじ2
フレンチマスタード…小さじ1
塩、こしょう…各適量
サラダ油…大さじ1
マヨネーズ…大さじ2

粗びき黒こしょう…少々

❶ 具材の準備
キャベツは3cm角に切り、冷水につけてパリッとさせ、水けをしっかりとる。りんごは皮をむき、いちょう切りにする。ソーセージは熱湯でさっとゆで、7mm幅に切る。くるみ、ドライイチジクは粗く刻む。

❷ ドレッシングを作る
大きめのボウルにレモン汁、マスタード、塩、こしょうを入れてよく混ぜる。塩が溶けたらサラダ油を少しずつ加え、さらによく混ぜる。マヨネーズを加えてさらに混ぜる。

❸ あえる
②に①を加え、全体にドレッシングをからめる。器に盛り、好みで粗びき黒こしょうを振る。

- キャベツの水けをきちんととることが、おいしく作る最大のポイント。そうすれば、しばらくおいても水っぽくなりません。
- 冷蔵庫で2日間ほど保存できます。

イチジクと生ハムのサラダ
Salade figue et jambon cru

イチジクを見かけると必ずといっていいほど作るサラダ。
独特の味わいを生かすため、クセの強いブルーチーズと塩けのある生ハムを組み合わせます。
お互いの味を引き立てるので、ぜひ一緒に食べてください。
ほろ苦いチコリもぴったり。

材料（2人分）
イチジク…1〜2個
チコリ（赤）…1個
生ハム…30g
ブルーチーズ…20g

【 フレンチドレッシング 】
赤ワインビネガー…小さじ2〜3
フレンチマスタード…小さじ½
塩、こしょう…各適量
サラダ油…大さじ2

粗びき黒こしょう…適量

❶ 具材の準備
イチジクは皮つきのまま4〜6等分に切る。チコリは3cm幅に切り、冷水につけてパリッとしたら水けをしっかりとる。

❷ フレンチドレッシングを作る
大きめのボウルに、赤ワインビネガー、マスタード、塩、こしょうを入れてよく混ぜる。塩が溶けたらサラダ油を少しずつ加え、さらによく混ぜる。

❸ あえる
②に①を加え、全体にドレッシングをからめる。器に盛り、生ハムをのせ、ブルーチーズをちぎって散らし、好みで粗びき黒こしょうを振る。

- イチジクの皮の渋みがブルーチーズによく合うので、皮はむかずに使います。皮つきなら、あえたときにくずれないメリットも。
- 赤くないチコリやトレビスでもおいしくできます。

カリフラワーとホタテのオレンジマリネ
Salade bretonne à l'orange

フルーツ使いが得意なフランス人にインスパイアされて作ったサラダ。
オレンジは果肉だけでなく、果汁の甘みをソースに生かします。
ホタテだけを先につけ込み、そのうまみが染み込んだオレンジソースに
生のカリフラワーをからめるとおいしくなります。

材料（2人分）
カリフラワー…100g
オレンジ…1個
ホタテ貝柱（刺し身用）…3個

【マリネ液】
レモン汁…小さじ2〜3
フレンチマスタード…小さじ½
塩、こしょう…各適量
オリーブ油…大さじ2
オレンジ果汁…大さじ2

オリーブ油…大さじ½
ピンクペッパー…少々

❶ 具材の準備
カリフラワーは小房に分け、5mm厚さに切る。オレンジは皮をむいて房から実をとり出し、皮に残った果汁を搾ってマリネ液用に大さじ2杯分を用意する。

❷ マリネ液を作る
ボウルにレモン汁、マスタード、塩、こしょうを入れてよく混ぜる。塩が溶けたらオリーブ油を少しずつ加えて混ぜる。オレンジ果汁を加え、さらに混ぜ合わせる。

❸ ホタテを焼いてマリネする
ホタテ貝柱は両面に塩、こしょう各少々（分量外）を振り、オリーブ油を熱したフライパンに並べて片面20秒を目安に両面をこんがりと焼く。熱いうちに②に加えてつけ込み、冷めたら厚みを半分に切る。

❹ 野菜をマリネする
器にカリフラワー、オレンジ、③のホタテ貝柱を並べ、マリネ液を全体にかける。10分以上おいて全体をなじませ、ピンクペッパーを軽くつぶして散らす。

- 半日ほど冷蔵庫におくと、さらにおいしくなります。
- ホタテは表面だけを焼くことによって、こんがりした香ばしさと半生の食感の両方を味わうことができます。
- 果汁は市販のオレンジジュース（100％）で代用可。

→ 白いサラダ (P.028)

→ 赤いサラダ (P.029)

白いサラダ
Salade blanche

同じ色の素材は相性がいいことを証明するサラダ。
味が淡白な白菜にはコクを……といっても、うまみが強すぎると白菜の味を殺してしまう。
そんな発想から、シルキーな薄切りゆで豚とチーズを合わせました。
グレープフルーツから出る果汁がドレッシングの役目も！

材料（2人分）
白菜（できれば中心のやわらかい部分）…200g
グレープフルーツ（ホワイト）…1個
豚ロース肉（しゃぶしゃぶ用）…100g
パルメザンチーズ（かたまり）…適量

【ドレッシング】
プレーンヨーグルト、
　マヨネーズ…各大さじ1½
フレンチマスタード…小さじ1
塩、こしょう…各適量

❶ **豚肉をゆでる**
鍋に湯1ℓを沸かし、塩大さじ1（分量外）を溶かす。いったん火を止め、豚肉を1枚ずつ入れる。しゃぶしゃぶの要領で色が変わる程度にゆで、バットなどに広げて冷ます。

❷ **具材の準備**
白菜は5cm長さの斜めそぎ切りにする。グレープフルーツは皮をむき、房から実をとり出す。

❸ **ドレッシングを作る**
大きめのボウルにドレッシングの材料をすべて入れ、よく混ぜる。

❹ **あえる**
❸に白菜、豚肉を加え、全体にからめる。器にグレープフルーツと共に盛り合わせ、チーズをピーラーで薄く削って散らす。

豚肉をゆでるコツは、湯を一度沸かし、火を止めてから
豚肉を1枚ずつゆで、余熱が入ることも加味して
色が完全に変わる直前で引き上げること。
この方法なら豚肉に火が入りすぎて固くなることもなく、
シルクのようにしっとりとゆで上がります。
数枚ゆでて湯の温度が下がったら、再び火をつけて沸騰させ、
火を止めてから豚肉を入れます。

赤いサラダ
Salade rouge

ビーツはフランスではよく食べますが、個性が強い野菜です。
そこで日本人の口に合うよう味のしっかりしたかつおを合わせたところ、
見た目も味わいも情熱的なサラダが完成しました。
瑞々しいビーツは、一度食べるとクセになります。

材料（2人分）
ビーツ…½個（100g）
トレビス…大3枚（50g）
かつお（刺し身用）…100〜150g
紫玉ねぎ…⅐個
塩…小さじ⅓

【 フレンチドレッシング 】
バルサミコ酢…小さじ2〜3
フレンチマスタード…小さじ1弱
塩、こしょう…各適量
オリーブ油…大さじ2

粗びき黒こしょう…適量

❶ かつおの準備
かつおは2cm角に切り、塩を全体にすり込む。20分ほど冷蔵庫におき、出てきた水分をキッチンペーパーで拭く。

❷ フレンチドレッシングを作る
大きめのボウルにバルサミコ酢、マスタード、塩、こしょうを入れてよく混ぜ合わせる。塩が溶けたらオリーブ油を少しずつ加え、さらによく混ぜる。

❸ 野菜の準備
ビーツは皮をむき、スライサーで細切りにする。耐熱皿に入れ、ラップをふわっとかけて電子レンジで4分ほど加熱する。熱いうちに②に加えて全体にドレッシングをからめ、冷ます。紫玉ねぎは縦にごく薄く切り、水にさらしてキッチンペーパーなどで水けをとる。トレビスは大きめにちぎる。

❹ あえる
③のビーツが入ったボウルに①、紫玉ねぎ、トレビスを加え、全体にあえる。器に盛り、好みで粗びき黒こしょうを振る。

Memo
ビーツの生は固く、長時間加熱しないと食べられません。せん切りにし、電子レンジで加熱する方法なら、短時間で手間もかかりません。

ステーキサラダ

Méli-mélo de salade au bœuf

肉と共に生野菜をたっぷり食べる、パリジェンヌをイメージして作ったサラダ。
ステーキを焼いたら、そのうまみをドレッシングにも利用し、
おいしさを余すことなく使います。
アツアツの肉をのせてもしんなりとしにくい、ロメインレタスを使って。

材料（2人分）
ロメインレタス…6〜7枚（150g）
クレソン…1束
ラディッシュ…5個
牛肉ステーキ用（赤身）
　…1枚（150〜200g）
にんにくの横薄切り…1〜2かけ分
サラダ油…大さじ2
塩、こしょう…各少々
A
　赤ワインビネガー…大さじ1
　フレンチマスタード…小さじ1弱
　塩、こしょう…各適量

粗びき黒こしょう…適量

❶ 野菜の準備
ロメインレタスはクレソンと共に冷水につけ、パリッとしたらしっかりと水けをとる。ロメインレタスは食べやすい大きさにちぎり、クレソンは軸をとり除き、食べやすく切る。ラディッシュは縦半分に切る。すべてをボウルに入れる。

❷ にんにくチップを作る
フライパンにサラダ油大さじ1、にんにくを入れて中火にかけ、にんにくがカリッとなるまで揚げ焼きにし、キッチンペーパーの上にとり出す。

❸ ステーキ肉を焼く
牛肉に塩、こしょうをする。②のフライパンを再度強めの中火にかけ、にんにくを加熱した油で牛肉を好みの加減に焼く。とり出し、3〜4分おいて落ち着かせ、斜めそぎ切りにして①のボウルに入れる。

❹ ドレッシングを作り、あえる
③のフライパンにサラダ油の残り、Aを入れて火にかけずに手早く混ぜ、ボウルに加えて全体にからめる。器に盛り、②のにんにくチップを散らし、好みで粗びき黒こしょうを振る。

- ステーキ肉は焼きたてをすぐに切るとせっかくの肉汁が流れ出てしまうので、少しおいて肉汁を落ち着かせてから切りましょう。
- 焼いたステーキ肉は斜めに切ることで、レアの部分の面積が多くなり、やわらかく食べられます。

サラダ・キヌア

Salade de quinoa à la tomate cerise

パリのデリでは最近、クスクス タブーレに代わってキヌアサラダが主流。
栄養価が高く、香りも少なくて食べやすいことが理由のよう。
トマトの酸味と、ミントのさわやかな香りを足し、
ツナでうまみとボリュームを出すのが私流です。

材料（2人分）
キヌア（乾燥）…50g
ミニトマト…8個
ツナ缶（かたまりのもの）…小1缶（70g）
紫玉ねぎ…¼個
ミント…適量

【フレンチドレッシング】
レモン汁…小さじ2〜3
フレンチマスタード…小さじ1弱
塩、こしょう…各適量
オリーブ油…大さじ2

❶ 具材の準備
キヌアは熱湯に入れて15分ほどゆで、ざるに上げて湯をきる。ミニトマトは半分に切る。ツナは油をきる。紫玉ねぎはみじん切りにし、水にさらしてキッチンペーパーなどで水けを絞る。ミントは粗くちぎる。

❷ フレンチドレッシングを作る
大きめのボウルにレモン汁、マスタード、塩、こしょうを入れてよく混ぜる。塩が溶けたらオリーブ油を少しずつ加え、さらに混ぜる。

❸ あえる
②に①を加え、全体にドレッシングをからめる。

Memo
・キヌアはパスタ同様、ゆでるだけで食べられます。透明感と白い輪が出てくるまでゆでるのがコツ。しっかりゆでないと消化に悪いので注意。
・冷蔵庫で2日ほど保存できます。

焼き根菜と豚肉のサラダ
ドライフルーツヴィネグレット

Salade de sauté de porc aux fruits secs et légumes

ごぼうやれんこんは、実はフランスにはありません。
でも深みのある味が大好きな彼らなら、もしあったらこうして食べるのでは？と
考えたのがこのサラダ。根菜は味が濃厚なので、
バルサミコ酢を合わせて味わいを引き立てます。

材料（2人分）

ごぼう…½本（100g）
れんこん…60g
豚肩ロース肉ステーキ用…1枚（100〜150g）
ドライプルーン…3個
ドライイチジク…大2個（40g）
塩、こしょう…各少々
オリーブ油…大さじ1

【 フレンチドレッシング 】

バルサミコ酢…小さじ2〜3
フレンチマスタード…小さじ1弱
塩、こしょう…各適量
オリーブ油…大さじ2

① 具材の準備

豚肉は食べやすい大きさに切り、塩、こしょうを
振り、10分ほどおく。ごぼうは皮をこそげ、
10cm長さにして縦半分に切り、水洗いしてキッ
チンペーパーで水けを拭く。れんこんは皮つきの
まま7mm幅の輪切りにし、大きい場合は半分に
切り、さっと水洗いしてキッチンペーパーで水け
を拭く。ドライプルーン、ドライイチジクは大ぶ
りに切る。

② フレンチドレッシングを作る

大きめのボウルにバルサミコ酢、マスタード、塩、
こしょうを入れてよく混ぜる。塩が溶けたらオ
リーブ油を少しずつ加えてさらによく混ぜ、ドラ
イプルーン、ドライイチジクを加える。

③ 具材を焼き、ソースをからめる

フライパンにオリーブ油を熱し、ごぼうの切り口
を下にしておき、あまり触らずに焼きつける。3
分ほどしてこんがり焼き色がついたら返し、もう
片面も焼き、②に入れる。れんこんも両面をこ
んがりと焼いて②に入れる。豚肉も同じフライ
パンで両面をこんがりと焼いて②に加え、全体
にドレッシングをからめる。

Memo
根菜はしっかり焼き色がつくまで焼くことで、
独特の土臭さが香ばしさに変化します。

サラダ・グルマンド
Salade gourmande

グルマン、つまり美食家が食べるという意味のカフェの定番。
パテは濃厚なうまみがあるので、ハーブなどクセのある野菜を合わせると
バランスよし！ カリカリに焼いたパンが食感のアクセントに。

材料（2人分）
グリーンカール…中4〜5枚（120g）
ハーブ（イタリアンパセリ、セルフィーユなど）
　…計4枝
パテ（市販のもの）…100g
フランスパン…小2切れ

【フレンチドレッシング】
赤ワインビネガー…小さじ2〜3
フレンチマスタード…小さじ1弱
塩、こしょう…各適量
サラダ油…大さじ2

粗びき黒こしょう…適量

❶ 具材の準備
グリーンカールは冷水につけてパリッとさせ、水けをしっかりととり、ハーブと共に食べやすくちぎる。フランスパンはトーストする。

❷ フレンチドレッシングを作る
大きめのボウルに赤ワインビネガー、マスタード、塩、こしょうを入れてよく混ぜる。塩が溶けたらサラダ油を少しずつ加え、さらによく混ぜる。

❸ あえる
②にグリーンカール、ハーブ、トーストしたフランスパンを食べやすくちぎって加え、全体にドレッシングをからめる。器に盛り、ざっくりと切ったパテをのせ、好みで粗びき黒こしょうを振る。

焼きシェーブルサラダ
Salade de chèvre chaud aux noix

山羊のチーズ、シェーブルと同じ
ロワール地方名産のくるみ、くるみ油を合わせます。
シェーブルがなければ、クリームチーズなどの酸味のあるチーズを。

材料（2人分）

エンダイブ…150g
ベビーリーフ…1袋（30～40g）
シェーブルチーズ（またはクリームチーズなど）
　…90g
フランスパン（カンパーニュなど）…6切れ
くるみ（素焼き）…4個

【 フレンチドレッシング 】

赤ワインビネガー…小さじ2～3
フレンチマスタード…小さじ1弱
塩、こしょう…各適量
くるみ油（またはオリーブ油）…大さじ2

❶ 具材の準備
エンダイブ、ベビーリーフは冷水につけてパリッとさせ、水けをしっかりとる。エンダイブは食べやすくちぎる。シェーブルを6等分にし、フランスパンにのせ、オーブントースターでこんがりするまで焼く。くるみは粗く刻む。

❷ フレンチドレッシングを作る
大きめのボウルに赤ワインビネガー、マスタード、塩、こしょうを入れてよく混ぜる。塩が溶けたらくるみ油を少しずつ加え、さらに混ぜる。

❸ あえる
②にエンダイブ、ベビーリーフを食べやすくちぎって加え、全体にドレッシングをからめる。器に盛り、①のパンをのせ、くるみを散らす。

Memo
シェーブルチーズは焼くと独特の香りが緩和され、食べやすくなります。

きのこと豆のマリネ
Marinade de champignon et flageolet

豆好きなフランス人は、野菜と同じくらいよく食べます。
マリネにするなら、うまみ十分のきのことサラミを合わせて。
冷めて脂が固まるベーコンはおいしさが半減するので、サラミがベスト。

材料（2人分）
しめじ、しいたけ、エリンギなど…計400g
ゆで白いんげん豆（缶詰）…1缶（正味200g）
サラミ…50g　紫玉ねぎ…¼個
ケッパー…大さじ1½
サラダ油…大さじ1

【マリネ液】
赤ワインビネガー…大さじ1
粒マスタード…小さじ2
塩、こしょう…各適量　サラダ油…大さじ2

❶ 具材の準備
きのこは石づきを落とす。しめじはほぐし、しいたけは7mm幅の薄切り、エリンギは乱切りにする。いんげん豆はざるにあけ、さっと流水で洗い、キッチンペーパーでしっかりと水けをとる。サラミは棒状に切る。紫玉ねぎはみじん切りにして水にさらし、キッチンペーパーなどで水けを絞る。ケッパーは粗く刻む。

❷ きのこを焼く
フライパンにサラダ油を強めの中火で熱し、きのこを入れて焼きつける。ときどき混ぜ、全体に焼き色がつき、水分が飛んでからりとするまで、10分ほど炒め焼きにする。

❸ マリネ液を作る
大きめのボウルに赤ワインビネガー、粒マスタード、塩、こしょうを入れてよく混ぜる。塩が溶けたらサラダ油を少しずつ加え、さらに混ぜる。

❹ あえる
③に①のきのこ以外、②を加え、全体にマリネ液をあえ、10分以上おいて味をなじませる。

Memo
・きのこはあまり動かさないようにしてじっくり焼きつけるのがポイント。しっかり焼きつけると水分が抜け、うまみが凝縮されます。
・冷蔵庫で半日ほどおくとさらにおいしくなります。
・冷蔵庫で4日ほど保存できます。

サーモンのタルタル
Tartare de saumon

サーモンのタルタルに相性のいいマヨネーズ、ディルを合わせ、
同じくマヨネーズと合うじゃがいもでボリュームアップ。
サーモンと対照的な食感のきゅうりとセロリで、口の中がリズミカルに！

材料（2人分）
じゃがいも…1個（120g）
きゅうり…1本
サーモン（刺し身用）…1さく（150g）
セロリ…30g
塩…小さじ1/3

【ドレッシング】
ディル…適量
マヨネーズ…大さじ1
水きりヨーグルト…大さじ1
塩、こしょう…各適量

※「水きりヨーグルト」は、キッチンペーパーを敷いたざるに
プレーンヨーグルト大さじ2弱をのせ、1時間ほど水きりしたもの。
市販のギリシャヨーグルトやサワークリームで代用可。

❶ 具材の準備
サーモンは1.5cm角に切る。塩を振って冷蔵庫に20分ほどおき、出てきた水分をキッチンペーパーで拭く。じゃがいもは1.5cm角に切り、水からゆでる。きゅうりは縦4等分にし、1cm幅に切る。セロリはきゅうりよりひと回り小さい角切りにする。

❷ ドレッシングを作る
ディルは刻んで大きめのボウルに入れ、残りのドレッシングの材料を加え、混ぜ合わせる。

❸ あえる
②に①を加え、全体にからめる。

サーモンは塩をしてしばらくおき、臭みと余分な水分を出します。
このひと手間でうまみが増し、味も入りやすくなります。

シンプルサラダ

Simple

きゅうりとディルのヨーグルトサラダ
Concombre à la crème

きゅうりとヨーグルトはベストコンビ。
きゅうりの青臭さをヨーグルトがほどよくやわらげてくれるためです。
フランスのきゅうりは皮が固いのでむくことが多いのですが、
ドレッシングがなじみやすくなるメリットも。

材料（2人分）
きゅうり…3本
ディル…3枝

【ドレッシング】
赤ワインビネガー…小さじ1
フレンチマスタード…小さじ1/2
塩、こしょう…各適量
サラダ油…大さじ1
水きりヨーグルト…大さじ3
※「水きりヨーグルト」は、キッチンペーパーを敷いたざるにプレーンヨーグルト大さじ5をのせ、2時間ほど水きりしたもの。市販のギリシャヨーグルトやサワークリームで代用可。

❶ **野菜を切る**
きゅうりはピーラーなどで皮をむき、1.5cm幅の輪切りにする。ディルは刻む。

❷ **ドレッシングを作る**
大きめのボウルに赤ワインビネガー、マスタード、塩、こしょうを入れてよく混ぜる。塩が溶けたらサラダ油を少しずつ加えてさらによく混ぜ、水きりヨーグルトを加えて混ぜる。

❸ **あえる**
②に①を加え、全体にからめる。

きゅうりから水分が出るので、少し面倒でも、
ヨーグルトは水きりをして使いましょう。

グリーンサラダ
Cœur de salade au parmesan

登場するとほっとする……究極のシンプルサラダ。
たくさんの料理の口直しとして出すことも。
シンプルだからこそ、水にさらす、水けを拭くなどの作業を丁寧に。

材料（2人分）
グリーンカール、サラダ菜、チコリなど
　…計150g

【 フレンチドレッシング 】
赤ワインビネガー…小さじ2〜3
フレンチマスタード…小さじ1弱
塩、こしょう…各適量
サラダ油…大さじ2

パルメザンチーズ（粉）…適量

❶ **野菜の準備**
グリーンカール、サラダ菜、チコリは冷水につけてパリッとさせ、水けをしっかりととり、食べやすい大きさに切る。

❷ **フレンチドレッシングを作る**
大きめのボウルに赤ワインビネガー、マスタード、塩、こしょうを入れてよく混ぜる。塩が溶けたらサラダ油を少しずつ加え、さらによく混ぜる。

❸ **あえる**
②に①を入れ、全体にドレッシングをからめる。器に盛り、パルメザンチーズを振る。

ハーブサラダ

Salade aux herbes du jardin

日本人が山菜を季節の贈り物として心待ちにする感覚で
フランス人は、初夏のハーブを楽しみます。
4種くらいを合わせるのがおすすめです。

材料（2人分）
ハーブ（セルフィーユ、イタリアンパセリ、
　ディル、香菜など）…計30g

【 フレンチドレッシング 】
バルサミコ酢…小さじ1
フレンチマスタード…小さじ½
塩、こしょう…適量
オリーブ油…大さじ1

❶ 野菜の準備
ハーブは葉先だけをちぎり、冷水につけてパリッとさせ、水けをしっかりととる。

❷ ドレッシングを作る
大きめのボウルにバルサミコ酢、マスタード、塩、こしょうを入れてよく混ぜる。塩が溶けたらオリーブ油を少しずつ加え、さらによく混ぜる。

❸ あえる
②に①を加え、全体にドレッシングをからめる。

→ トマトサラダ
(P.046)

→ キャロットラペ
(P.046)

044　Salade

→ 焼きパプリカのマリネ
　(P.047)

→ いんげんとくるみのサラダ
　(P.047)

トマトサラダ
Tomates à la vinaigrette

水けが出るので食べる直前にあえるのが原則ですが、水けが出たら、
トマトのうまみが混ざったスープをパンに染み込ませて食べるのも、またおいしい！
トマトはいろいろなサイズ、色で作っても。

材料（2人分）
トマト…2個
玉ねぎのみじん切り…大さじ2

【 フレンチドレッシング 】
赤ワインビネガー…小さじ2〜3
フレンチマスタード…小さじ1弱
塩、こしょう…適量
オリーブ油…大さじ2

❶ 野菜の準備
トマトはくし形に切る。玉ねぎのみじん切りは水
にさらし、キッチンペーパーで水けを絞る。

❷ フレンチドレッシングを作る
大きめのボウルに赤ワインビネガー、マスタード、
塩、こしょうを入れてよく混ぜる。塩が溶けたら
オリーブ油を少しずつ加え、さらによく混ぜる。

❸ あえる
②に①を加え、全体にドレッシングをからめる。

キャロットラペ
Carottes rapées

にんじんは、フランスで一年中手に入る、栄養豊富かつ安定価格の野菜。
ラペが日常的に食べられる理由だと思います。
日本のものは味わいがやさしいので、スパイスを利かせて。

材料（2人分）
にんじん…2本（300g）

【 フレンチドレッシング（クミンシード入り）】
レモン汁…小さじ2〜3
フレンチマスタード…小さじ1弱
塩、こしょう…各適量
クミンシード…小さじ½
オリーブ油…大さじ2

❶ 野菜の準備
にんじんはスライサーなどで、細切りにする。

❷ フレンチドレッシングを作る
大きめのボウルにレモン汁、マスタード、塩、こ
しょう、クミンシードを入れてよく混ぜる。塩が
溶けたらオリーブ油を少しずつ加え、さらによく
混ぜる。

❸ あえる
②に①を加えて全体にからめ、10分以上おいて
味をなじませる。

焼きパプリカのマリネ

Poivrons marinés

皮が真っ黒くなるまで焼いたパプリカは、とろりとした食感がまるでフルーツのよう。
オーブンならじんわりと火が通るので甘みがじわじわと引き出され、
よりジューシーになります。

材料（2人分）
パプリカ（黄）…2個

【マリネ液】
赤ワインビネガー…小さじ1
フレンチマスタード…小さじ½
塩、こしょう…各適量
オリーブ油…大さじ1

❶ 野菜の準備
パプリカは丸ごとアルミホイルで上部をあけて包み、230℃に予熱したオーブンで表面が黒くなるまで20分焼く。とり出し、上部をとじて冷ます。

❷ マリネ液を作る
バットに赤ワインビネガー、マスタード、塩、こしょうを入れてよく混ぜる。塩が溶けたらオリーブ油を少しずつ加え、さらによく混ぜる。

❸ あえる
①のパプリカのヘタと種をとり、皮をむく。食べやすい大きさに切り、②に加え、全体にマリネ液をからめ、10分以上おいてなじませる。

いんげんとくるみのサラダ

Salade de haricots verts

いんげんをクタクタにゆでると、青臭さが消え、豆の甘みが出てきます。
このおいしさを私はフランスで知りました。
現地のものは細いので、日本のいんげんを縦に裂いて作ります。

材料（2人分）
さやいんげん…200g
玉ねぎのみじん切り…大さじ2
くるみ（素焼き）…2個

【フレンチドレッシング】
赤ワインビネガー…小さじ2～3
粒マスタード…小さじ1弱
塩、こしょう…各適量
オリーブ油…大さじ2

❶ 具材の準備
さやいんげんはヘタをとり、塩少々（分量外）を入れた熱湯で少しやわらかめにゆで、ざるに上げて広げて冷ます。冷めたら、縦に裂く。玉ねぎは水にさらし、キッチンペーパーで水けを絞る。くるみは粗く刻む。

❷ フレンチドレッシングを作る
大きめのボウルに赤ワインビネガー、粒マスタード、塩、こしょうを入れよく混ぜる。塩が溶けたらオリーブ油を少しずつ加え、さらによく混ぜる。

❸ あえる
②に①を加え、全体にからめる。

アスパラガスとポーチドエッグのサラダ
Asperges et œuf poché

ゆでたアスパラガスと卵を組み合わせるのは、フランスの春の定番。
チーズを組み合わせるのもおなじみです。
ここでは、アスパラガスにポーチドエッグとチーズ、さらにアンチョビを合わせ、
濃厚な味わいにしました。卵をたっぷりからめて召し上がれ。

材料（2人分）
グリーンアスパラガス（太めのもの）…6本
卵…1個

【ドレッシング】
赤ワインビネガー…小さじ2～3
おろしにんにく…ごく少量
フレンチマスタード…小さじ1弱
塩、こしょう…各適量
アンチョビフィレ（刻む）…1枚分
サラダ油…大さじ2

パルメザンチーズ（かたまり）…適量
粗びき黒こしょう…適量

❶ 野菜の準備
アスパラガスは根元を落とし、根元近くの固い皮をピーラーでむく。フライパンに熱湯を沸かして塩少々（分量外）を入れ、アスパラガスを1分ほどゆで、ざるに上げて、広げて冷ます。

❷ ポーチドエッグを作る
鍋に3カップの湯を沸かし、酢大さじ2、塩小さじ½（各分量外）を入れ、グラグラ沸かない程度の火加減にする。小さなカップに卵を割り入れ、そっと湯に入れる。白身がまとまるように箸などで中央に軽く寄せ、そのまま中火で4分ほど煮る。網じゃくしなどですくい、キッチンペーパーの上にのせ、水けをきる。

❸ ドレッシングを作る
バットにサラダ油以外のドレッシングの材料を入れ、よく混ぜる。塩が溶けたらサラダ油を少しずつ加え、さらによく混ぜる。

❹ あえる
③にアスパラガスを加え、全体にからめる。

❺ 盛りつける
器に④を盛り、②をのせ、残った④のドレッシングをかける。削ったパルメザンチーズと粗びき黒こしょうを振る。

- アスパラガスを長いままゆでる場合は、フライパンが便利。
 太いものでも1分ほど、少し固いかな？くらいでざるに上げると、
 余熱が入り、ちょうどいいゆで加減になります。
- ポーチドエッグを成功させるカギは湯の温度。
 沸騰したら中火にしてから卵を落とし入れ、
 慌てずに表面が固まるのを待ちます。

小松菜のサラダ　ベーコンドレッシング
Salade de komatsuna, lardons et amandes effilées

本場では生のほうれん草で作りますが、「日本のほうれん草の生には抵抗がある？
でもサラダほうれん草では味わいが優しすぎるし……」と考えた末、小松菜で代用。
ベーコンの炒め油をドレッシングとしてジャッとかけると、
生の小松菜が少ししんなりし、食べやすくなります。

材料（2人分）

小松菜… 200g
ベーコン（かたまり）… 60g
スライスアーモンド… 適量
サラダ油… 大さじ2
A
  赤ワインビネガー… 大さじ 1½
  フレンチマスタード… 小さじ 1 弱
  塩、こしょう… 各適量

粗びき黒こしょう… 少々

❶ 具材の準備
小松菜は4cm長さに切り、冷水につけてパリッとさせ、水分をしっかりととって耐熱ボウルに入れる。ベーコンは棒状に切る。

❷ アーモンドをローストする
天板にオーブンシートを敷いてアーモンドをのせ、180℃のオーブンまたはオーブントースターでこんがりとするまでローストする。

❸ ベーコンを炒め、ドレッシングを作る
フライパンにサラダ油、ベーコンを入れて中火にかけ、ときどき混ぜながら炒め、ベーコンがカリッとしたら火を止める。Aを加えて軽く混ぜ、アツアツのうちに①のボウルに入れ、全体によくからめる。

❹ 盛りつける
器に③を盛り、②のアーモンドを散らす。粗びき黒こしょうを振る。

揚げ野菜のマリネ
Marinade de légumes frits

揚げた魚介をマリネ液につけるエスカベッシュの手法を、野菜でアレンジ。
野菜は揚げると味が濃厚になるので、野菜だけでもメイン料理のような食べごたえに！
揚げているので、フレンチドレッシングの油は少し控えましょう。

材料（作りやすい分量）
れんこん…150g
かぼちゃ…150g
ズッキーニ…150g

【 フレンチドレッシング 】
赤ワインビネガー…大さじ2
フレンチマスタード…大さじ1弱
塩、こしょう…各適量
サラダ油…大さじ3

揚げ油、小麦粉…各適量
オレガノ…適量

❶ 野菜の準備
れんこんは7mm幅の輪切りにし、大きいものは半月に切る。水に10分ほどさらし、水けをきってキッチンペーパーで水分をしっかりとる。かぼちゃは種とワタをとり、皮つきのまま薄く切る。ズッキーニは1cm幅の輪切りにする。

❷ フレンチドレッシングを作る
大きめのボウルに赤ワインビネガー、マスタード、塩、こしょうを入れてよく混ぜる。塩が溶けたらサラダ油を少しずつ加え、さらによく混ぜる。

❸ 野菜を揚げ、ドレッシングであえる
揚げ油を190℃に熱し、れんこんに小麦粉を薄くまぶして入れ、こんがりと色づくまで揚げる。油をきり、熱いうちに②に入れて全体にからめる。かぼちゃ、ズッキーニも小麦粉をまぶして揚げ、同様に作る。ズッキーニは、好みでオレガノを振る。

・野菜は他にごぼう、にんじん、グリーンアスパラガス、なすなどでも。
・アツアツでも、冷蔵庫で冷やしても、どちらも美味。

じゃがいものサラダ ソース・ラヴィゴット
Salade de pommes de terre sauce ravigotte

ソース・ラヴィゴットとは野菜のみじん切り入りソースのこと。
魚料理のつけ合わせポテトを、メイン料理のこのソースで食べたら
美味だったことから考案したサラダです。今では、わが家の人気サラダに。

材料（2人分）
じゃがいも（できればメークイン）…3個

【ソース・ラヴィゴット】
赤ワインビネガー…小さじ2〜3
フレンチマスタード…小さじ1弱
塩、こしょう…各適量
サラダ油…大さじ2
玉ねぎのみじん切り…大さじ2
ケッパー、ピクルスのみじん切り…各大さじ1
パセリのみじん切り…大さじ½

❶ 野菜の準備
じゃがいもは皮つきのまま丸ごと、水からやわらかくゆで、粗熱がとれたら皮をむいて1.5cm幅の輪切りにする。

❷ ソース・ラヴィゴットを作る
玉ねぎは水にさらし、キッチンペーパーで水けを絞る。大きめのボウルに赤ワインビネガー、マスタード、塩、こしょうを入れてよく混ぜる。塩が溶けたらサラダ油を少しずつ加え、さらによく混ぜて玉ねぎ、ケッパー、ピクルス、パセリを加えて混ぜ合わせる。

❸ あえる
②にじゃがいもを加えて全体にあえる。

Memo
・じゃがいもは男爵いもよりも、くずれにくく、
　ねっとりとした口当たりのメークインなどがおすすめ。

セロリ・レムラード
Céleri rémoulade

私の愛してやまない、根セロリサラダ。
根セロリは日本のセロリよりもほっくりしているので、
その味わいを出すために、さっとゆでたじゃがいもと合わせました。

材料（2人分）
セロリ…1本
じゃがいも（できればメークイン）…2個 (250g)
セロリの葉…適量

【ソース・レムラード】
マヨネーズ…大さじ2
フレンチマスタード…大さじ1

❶ **野菜の準備**
じゃがいもはスライサーなどで細切りにし、水にしっかりさらして水けをきる。セロリは筋をとり、5cm長さで、じゃがいもと同じくらいの細切りにする。セロリの葉は粗く刻む。

❷ **じゃがいもをゆでる**
鍋に熱湯を沸かし、じゃがいもを入れて10秒ほどゆで、ざるに上げて水けをきり、冷ます。

❸ **ソースを作り、あえる**
大きめのボウルにマヨネーズ、マスタードを入れて混ぜる。セロリ、じゃがいも、セロリの葉を加え、全体にあえる。

column 1

持ちより
ギフトサラダ

持ちよりパーティーのときは、見栄えのするものが鉄則。手間をかけてないのに、みんながあっと驚くようなこんなサラダなら、話も弾みます。イメージしたのは、はやりのフラワーボックス。エディブルフラワーを飾れば、サラダの花束そのもの！ 野菜の食感を保つためにも、ドレッシングは別容器に入れて持って行きましょう。もう一つは、カラフルな野菜を入れたゼリー。持ち歩くときは、ゼリーが溶けないよう、保冷剤をつけて。

Menu

サラダボックス
サラダドレッシング3種
カラフル野菜のゼリー

column 1 Recipe

サラダドレッシング3種

【 ワカモーレ風ドレッシング 】（左上）
材料（作りやすい分量）
アボカド（やわらかいもの）…1個
レモン汁…大さじ2
オリーブ油…大さじ1
塩、こしょう…各少々

アボカドは種と皮をとり除き、ざく切りにする。ボウルに入れてなめらかになるまでつぶし、残りの材料を入れてよく混ぜ合わせる。

【 スパイシーオーロラドレッシング 】（右上）
材料（作りやすい分量）
マヨネーズ…大さじ3
ケチャップ…大さじ1½
カレー粉…小さじ1弱
しょうゆ…小さじ2

ボウルにすべての材料を入れ、よく混ぜ合わせる。

【 ドライトマトとオリーブのドレッシング 】（下）
材料（作りやすい分量）
ドライトマト…15g
黒オリーブ…5粒
A
　フレンチマスタード…小さじ1
　塩…小さじ¼〜⅓
　こしょう…少々
　赤ワインビネガー…大さじ1
オリーブ油…大さじ2〜3

ドライトマトが固い場合はぬるま湯につけてもどし、刻む。黒オリーブは輪切りにする。ボウルにAを入れてよく混ぜ、塩が溶けたらオリーブ油を少しずつ加えてよく混ぜ、ドライトマト、黒オリーブを加え、さらに混ぜる。

サラダボックス

カラフル野菜のゼリー

材料（3〜4人分）
グリーンカール、サニーレタス、サラダ菜、
　スナップえんどう、こごみ、エディブルフラワー
　…各適量
塩…少々
※その他に、箱、セロファンまたはオーブンシートを用意。

❶ 生野菜の準備
グリーンカール、サニーレタス、サラダ菜は水につけてパリッとさせ、水けをしっかりとる。

❷ ゆで野菜の準備
スナップえんどうは筋をとり、こごみと共に塩を入れた熱湯で固めにゆで、ざるに上げて水けをよくきる。スナップえんどうは縦に裂く。

❸ 箱に詰める
箱にセロファンまたはオーブンシートを敷き込み、①、②をきれいに詰め、エディブルフラワーを飾る。「サラダドレッシング3種」をつけて食べる。

Memo
・野菜は切ると水けが出るので、切らなくてすむ野菜を使いましょう。ゆで野菜は固めにゆでるのがコツです。
・箱に隙間ができないようにきっちり詰めると、持ち歩いてもくずれません。

材料（容量150mlのグラス4個分）
ハム（かたまり・1cm角に切る）…100g
グリーンアスパラガス（1cm幅に切る）
　…2〜3本分
ヤングコーン（1cm幅に切る）…8本分
ミニトマト（半分に切る）…4個分
塩、こしょう…各適量
A
　ブイヨンキューブ…2個
　水…2カップ
粉ゼラチン…2袋（10g）

❶ 野菜の準備
アスパラガス、ヤングコーンは熱湯でさっとゆでて水けをきり、塩、こしょう各少々を振る。

❷ ゼリー液を作る
鍋にAを入れて中火にかけ、煮立ったら火を止め、粉ゼラチンを振り入れる。手早く混ぜてゼラチンを完全に溶かし、こしょう少々を加えて冷ます。

❸ 冷やし固める
グラスに①、ハム、ミニトマトを等分に入れ、②を注ぎ、冷蔵庫で2時間以上冷やし固める。

2
Étuvée
エチュベ（蒸し煮）

フランス人の野菜の基本調理法「エチュベ」。
色と歯ごたえにはこだわらず、
あくまでおいしさを重視します。

　フランス料理の勉強中に一番驚いたのが、「フランス人は野菜を基本的にゆでない」こと。あえものはもちろん、生で食べられない野菜はゆでて調味することが多い日本人の私にとって、これは衝撃的でした。でも料理を学んでいくうちに、「フランスの水道水が硬水であることと関係しているのではないか」と思い始めました。というのも、フランスでは日本と同じようにゆでても、なかなかやわらかくならなかった野菜が、帰国後に直輸入品をゆでたらおいしくゆで上がった……からです。何より、フランスで水は貴重品。大量の水でゆでて捨てるより、少量の水分でエチュベ（蒸し煮）にしたほうが経済的です。そんな理由から、少ない水で蒸し煮にする調理法がフランスでは一般的になったのではと想像します。鋳物やステンレス製の、ふたがきっちり閉まる鍋が各家庭にあるのも、少ない水で野菜をおいしく食べるためではないでしょうか。

　エチュベのいいところは、短時間でできること。でも、それだけではありません。蒸気で蒸すので素材の味がぎゅっと凝縮され、栄養分もほとんど逃げません。
　エチュベがおいしい理由は、オイル使いにもあります。鍋に野菜と少ない水と油脂（バターや油）を入れ、ふたをして蒸し煮にしますが、この油脂が野菜のえぐみをマスキングし、おいしさに変える。つまり、油脂が乳化剤となってうまみと水が一体になり、野菜をよりおいしくするのです。
　また、日本人は野菜の歯ごたえを残し、きれいな色を生かして料理するのが好みですが、フランス人は野菜のうまみを重視します（最近では、美しい色合いと歯ごたえを残して蒸し煮にする方法も人気になってきましたが）。日本風に歯ごたえを残す、フランス風にうまみが出るまで火を通す……両方のおいしさを知ったら、野菜料理の幅がぐんと広がるのではないかと思います。

Étuvée
エチュベ、2つの方法

少量の水と油脂を加え、ふたをして煮るだけ。
なのに、野菜がぐっと手軽に、たくさん食べられます。
シンプルだけど深い、野菜のおいしさを楽しんでください。

Bien cuit

クタクタのエチュベ

フランスの昔ながらのエチュベの方法。野菜がクタクタにやわらかくなるまで火を通します。青菜なら独特の青臭さがなくなったら、でき上がりの合図。途中で水分がなくならないように火加減にも気をつけ、少なくなったら足すのがコツです。逆に水分が多めに残っているようであれば、軽く煮詰めるとおいしく仕上がります。

➡ P.064-079へ

Croquant

歯ごたえを残したエチュベ

和食の野菜の火入れ方法をリスペクトし、色合い美しく、コリコリとした歯ごたえを残してエチュベにする（croquant＝クロカン）のが、フランスシェフの間のトレンド。その影響で、若いマダムの中にはクロカンにシフトチェンジしている人も。「クタクタのエチュベ」と作り方は同じですが、加熱時間が短くなります。

➡ P.080-089へ

手順

Step.1

材料を鍋に入れる

きっちりふたが閉まる厚手の鍋に野菜を入れ(ここでは菜花)、バター(またはサラダ油)、水を入れる。

※青菜の場合は、鍋に入れる前に根元に十字の切り込みを入れてたっぷりの水につけ、パリッとするまで20分ほどおき、食べやすい長さに切る。

Step.2

ふたをして強めの中火⇒中火で蒸し煮にする

ふたをし、強めの中火にかける。煮立ったら中火にし、3〜8分蒸し煮にする。蒸し上がったら、塩、こしょうを振る。

※途中、水分がなくならないように気をつけ、少なくなったら少し足す。水分がたくさん残っているようであれば、ふたをとって軽く煮詰める。

8分

クタクタのエチュベ

中までしっかり火が通り、クタクタにやわらかくなった状態。野菜の甘みとうまみが十分に引き出され、濃厚な味になる。

3分

歯ごたえを残したエチュベ

野菜が鮮やかな色になり、少し歯ごたえが残っている状態を楽しみたいときには、この方法で。日本人好みの火の通し加減。

焼き色をつけるエチュベ

こんがりとした焼き色をつけ、香ばしさも同時に楽しみたいと考えた上田流エチュベです。この場合は鍋でなく、フライパンがおすすめ。中でも、鉄製よりもフッ素樹脂加工のほうがきれいな焼き色がつきます。

❶ 材料を並べる

フライパンに野菜(ここではグリーンアスパラガス)、バター(またはサラダ油)、水を入れる。

❷ ふたをして蒸し煮にする

ふたをして、強めの中火にかける。煮立ったら中火で、歯ごたえを残したい場合は3分、クタクタにしたい場合は8分蒸し煮に。

❸ ふたをとり、焼き色をつける

ふたをとり、水分を飛ばしながらこんがりとした焼き色をつける。

❹ でき上がり

バターを使えば、まるで焼き菓子のような香りが広がる。

クタクタのエチュベ

Bien cuit

米なすとトマトの南仏蒸し
Tomate et aubergine à la provençale

ラタトゥイユのシンプル版。手軽に作れるだけでなく、
なすを蒸し煮にしてからふたをとって焼き色をつける方法なら、
油の量が少なくてすみます。なすはとろーり、ふっくら！
できたての温かいのも、キンキンに冷やしたのも、どちらもおいしい。

材料（2〜3人分）
米なす…2個
トマト…2個
にんにく…1かけ
オリーブ油…大さじ3
水…½カップ
塩、こしょう…各適量
エルブ・ド・プロヴァンス…小さじ1弱
※「エルブ・ド・プロヴァンス」は、タイムやセージ、
ローズマリーなどが入ったハーブミックス。

❶ 野菜の準備
米なすは4〜5等分の輪切りにする。トマトは
一口大に切る。にんにくは叩きつぶす。

❷ 蒸し煮にする
フライパンにオリーブ油、にんにくを入れ、弱め
の中火にかける。香りが出たら、なす、分量の水
を入れ、ふたをして強めの中火にする。煮立った
ら中火にし、5分ほど蒸し煮にする。途中、水分
が少なくなったら少し足す。

❸ 焼き色をつける
②のふたをとり、火を強めて水分を飛ばし、な
すの両面に焼き色をつける。トマトを加えて2〜
3分炒め、塩、こしょうで味を調え、エルブ・ド・
プロヴァンスを加えて全体を混ぜ合わせる。

トマトは最初から加えると、グズグズにくずれて
ソース状になってしまいます。なすに火が通ってから加え、
さっと火を通す程度に。

小松菜のエチュベ
Komatsuna à l'étuvée

少し茶色くなるほどクタクタに煮た小松菜は、コクが出て味わいが濃厚になります。

ホワイトアスパラガスのエチュベ
Asperges blanches à l'étuvée

ホワイトアスパラガスはくったりするまで蒸し煮にすると、ほのかな甘みとほろ苦さが何ともいえません。

材料（2～3人分）
ホワイトアスパラガス…4本
バター…10g
水…½カップ
塩、こしょう…各適量

❶ 野菜の準備
ホワイトアスパラガスは根元の固い皮をピーラーでむき、長さを半分に切る。

❷ 蒸し煮にする
鍋に①、バター、分量の水を入れ、ふたをして強めの中火にかける。煮立ったら中火にし、10分ほど蒸し煮にする。途中、水分が少なくなったら少し足す。仕上げに塩、こしょうで調味する。

材料（2～3人分）
小松菜…300g
松の実…大さじ2
オリーブ油…大さじ1
水…⅓カップ
塩、こしょう…各適量

❶ 野菜の準備
小松菜は根元に十字の切り込みを入れ、根元をたっぷりの水につける。20分ほどおいて、シャキッとしたら食べやすい長さに切る

❷ 蒸し煮にする
鍋に①、オリーブ油、分量の水を入れ、ふたをして強めの中火にかける。煮立ったら中火にして8分ほど蒸し煮にする。途中、水分が少なくなったら少し足す。仕上げに松の実を入れ、塩、こしょうで味を調える。

にんじんのエチュベ
Carottes à l'étuvée

にんじんにバターを加えて蒸し煮にし、甘みを引き出したうえで、
じっくり焼きつけてうまみを凝縮させます。

ねぎのエチュベ
Poireaux à l'étuvée

中までしっとりとやわらかく、
じんわりと引き出されたねぎの甘みに
バターの甘みと香りが加わります。

材料（2～3人分）
にんじん…2本
バター…10g　水…½カップ
塩、こしょう…各少々

❶ 具材の準備
にんじんは小さいものなら縦半分、大きいものは大きめの乱切りにする。

❷ 蒸し煮にする
フライパンに①、バター、分量の水を入れ、ふたをして強めの中火にかける。煮立ったら中火にし、竹串がスーッと通る固さまで10～15分蒸し煮にする。途中、水分が少なくなったら少し足す。

❸ 焼き色をつける
②のふたをとり、火を強めて水分を飛ばし、全面にこんがりと焼き色をつける。仕上げに塩、こしょうで味を調える。

材料（2～3人分）
ねぎ（白い部分、太めのもの）…3本
バター…10g
水…½カップ
塩、こしょう…各適量

❶ 具材の準備
ねぎは5cm長さに切る。

❷ 蒸し煮にする
鍋に①、バター、分量の水を入れ、ふたをして強めの中火にかける。煮立ったら中火にし、10～15分蒸し煮にする。途中、水分が少なくなったら少し足す。仕上げに塩、こしょうで調味する。

Memo
・フレンチドレッシング（P.014）をからめたり、冷蔵庫で冷やして食べてもおいしいです。
・ホワイトソースをかけて焼けばグラタネに。

067

玉ねぎと鶏肉のタジン風
Tajine de poulet aux oignons

玉ねぎをおいしく食べるための料理です。鶏肉、ひよこ豆、オリーブ、
レモンを組み合わせ、少ない煮汁で蒸し煮にすることで、
脇役のおいしさを主役の玉ねぎに移します。
レモンの皮のほろ苦さは、全体の味を引き締めるために欠かせない存在です。

材料（2人分）
玉ねぎ…1〜2個（300g）
鶏もも肉…1枚（250g）
にんにく…1かけ
ひよこ豆（水煮）…50g
グリーンオリーブ…8個
レモンの薄切り（国産）…2枚
オリーブ油…大さじ1½
塩、こしょう…各適量
A
│ 白ワイン、水…各¼カップ
│ レモン汁…大さじ2

❶ **具材の準備**
玉ねぎはくし形に切る。にんにくは芽をとり、横に薄切りにする。鶏肉は筋と余分な脂をとり除いて6〜8等分に切り、塩小さじ⅓とこしょう少々をすり込む。

❷ **鶏肉を焼きつける**
フライパンにオリーブ油の半量を入れて強めの中火にかけ、鶏肉の皮目を下にして並べる。あまり触らず、皮に焼き色がつくまでじっくり焼き、返して身側は少し色が変わる程度に焼く。

❸ **蒸し煮にする**
②の鶏肉をフライパンの端に寄せ、出てきた脂をキッチンペーパーで拭きとる。残りのオリーブ油を加えて中火にし、玉ねぎ、にんにく、ひよこ豆を水けをきって加え、玉ねぎがしんなりするまで2〜3分炒める。グリーンオリーブ、レモンの薄切り、Aを加え、ふたをして強めの中火にし、煮立ったら中火にして10分ほど蒸し煮にする。途中、水分が少なくなったら少し水を足す。全体を混ぜ、塩、こしょう各少々で味を調える。

鶏肉を焼いたときに出てくる脂には、臭みも含まれます。
キッチンペーパーなどできちんと拭きとりましょう。

白菜とポルチーニのクリーム蒸し煮

Chou chinois à la crème de cèpes

乾燥ポルチーニをもどした汁で煮るので、香りもうまみもたっぷり。
これだけでも十分おいしいですが、生クリームをプラスして軽く煮詰め、
クリーミーな味わいに仕上げます。
白菜がいくらでも食べられる1品。本場ではチコリで作ることも。

材料（2〜3人分）
白菜 … ¼ 〜⅙個（600g）
ポルチーニ（乾燥）… 5g
バター … 10g
生クリーム … ½カップ
塩、こしょう … 適量
粗びき黒こしょう … 適量

❶ 野菜の準備
白菜は縦に3〜4等分に切る。ポルチーニは熱湯½カップに5分ほどつけてもどし、粗く刻む。もどし汁は茶こしで濾す。

❷ 蒸し煮にする
鍋に①、バターを入れ、ふたをして強めの中火にかける。煮立ったら中火にし、10分ほど蒸し煮にする。途中、水分が少なくなったら少し水を足す。ふたをとり、火を強めて余分な水分を飛ばし、生クリームを加えて軽く煮詰め、塩、こしょうで調味する。仕上げに粗びき黒こしょうを振る。

じゃがいもとたらのオイル蒸し煮
Marmite de morue à la pomme de terre persillée

じゃがいもとたらは、絶対においしくなるテッパンコンビ。
本来は干しだらを使いますが、手軽な生だらや塩だらで代用します。
オイルと白ワインで煮ることでポテトがしっとりやわらか。
スープにはパンをつけて、最後まで残さず食べましょう。

材料（2〜3人分）
じゃがいも…2個（300g）
生だら（または甘塩だら）…2切れ（250g）
にんにく…3かけ
オリーブ油…¼カップ
白ワイン…½カップ
塩…適量
こしょう…少々
パセリのみじん切り…適量

❶ 具材の準備
じゃがいもは7mm幅の半月切りにする。にんにくは芽をとり、横に薄切りにする。生だらは半分に切り、塩小さじ½をすり込んで10分ほどおき、さっと水洗いして水けを拭く。

❷ 蒸し煮にする
鍋にオリーブ油、にんにくを入れて強めの中火にかけ、香りが出てきたら、たら、じゃがいもを入れてさっと炒める。白ワインを加えてふたをし、煮立ったら中火にして10分ほど蒸し煮にする。途中、水分が少なくなったら少し水を足す。仕上げに塩、こしょう各少々で調味し、パセリのみじん切りを散らす。

- たらは塩をしてしばらくおき、臭みを抜いてから使うと、おいしさが断然違います。
- じゃがいもは煮くずれるくらいがおいしいので、男爵がおすすめです。

いんげんと塩豚のエチュベ
Poitrine de porc aux haricots verts

いんげんは中途半端に煮るとおいしくないので、
しんなりするまでしっかり火を通すのがコツ。
豚肉と一緒に蒸し煮にしてうまみを吸い込ませます。

材料（2〜3人分）
さやいんげん…200g
豚バラ肉（かたまり）…100g
玉ねぎ…¼個
塩、こしょう…各適量
オリーブ油…大さじ1
水…½カップ

❶ 具材の準備
豚肉は塩、こしょう各少々をすり込み、1時間ほどおく。いんげんはヘタを落とし、玉ねぎはみじん切りにする。

❷ 豚肉に焼き色をつける
フライパンに油を引かずに豚肉をのせ、強めの中火にかけて両面にこんがりと焼き色をつけ、とり出す。

❸ 蒸し煮にする
②のフライパンの余分な脂をキッチンペーパーで拭きとり、オリーブ油を入れて中火で熱し、玉ねぎを炒める。しんなりしてきたら、いんげんを加えてさっと油をからめ、②の豚肉をのせ、分量の水を加え、ふたをして強めの中火にする。煮立ったら中火にし、10分ほど蒸し煮にする。途中、水分が少なくなったら少し足し、塩、こしょう各少々で味を調える。

さつまいもとかぼちゃの
スパイスハニーバター
Patate douce et potiron à l'étuvée

蒸し煮にして、自然な甘みを
引き出したさつまいもとかぼちゃは、まるでスイーツのよう。
ナツメグの香りを利かせると、より甘みが際立ちます。

材料（2〜3人分）
さつまいも…200g
かぼちゃ…150g
A
　シナモン、クローブ、ナツメグ…各適量
　はちみつ…大さじ1
　バター…15g
　水…½カップ
　塩…少々

❶ 野菜の準備
さつまいもは皮つきのまま1cm幅の輪切りにし、さっと水で洗って水けをきる。かぼちゃは種とワタを除き、皮つきのまま、さつまいもより少し厚めに食べやすい大きさに切る。

❷ 蒸し煮にする
鍋に①、Aを入れ、ふたをして中火にかけ10分ほど蒸し煮にする。竹串がスーッと通るくらいにやわらかくなるまで煮る。水分が残っているようであればふたをとって火を強めて軽く煮詰める。途中、水分が少なくなったら少し足す。

スープ・ペイザンヌ
Soupe paysanne

蒸し煮にして野菜自身の甘みとうまみを
引き出し、水分でのばすとおいしくなります。
ちなみに「ペイザンヌ」とは、「田舎風」の意味。

材料（2〜3人分）
玉ねぎ…1/2個
ねぎ…1/2本
にんじん…1/3本
セロリ…1/2本
押し麦…大さじ2
サラダ油…大さじ1/2
水…1/2カップ
昆布だし…2 1/2カップ
バター…10g
塩、こしょう…各少々
パルメザンチーズ（粉）…適量

❶ 野菜の準備
野菜はすべて1cm角に切る（ねぎは縦に4等分
に切ってから1cm幅に切るとよい）。

❷ 蒸し煮にする
鍋にサラダ油を中火で熱し、①、押し麦を入れて
さっと炒め、分量の水を加え、ふたをする。煮立っ
たら弱めの中火にし、15分ほど蒸し煮にする。
途中、水分が少なくなったら少し足す。

❸ 煮る
②に昆布だしを加えて弱火にし、ふたをずらし
てのせ、さらに10分ほど煮る。バターを加え、塩、
こしょう各少々で味を調える。器に盛り、好みで
パルメザンチーズを振る。

グリンピースとレタスのスープ
Soupe printanière

意外なようですが、レタスとグリンピースは
フランスでよくスープにする組み合わせ。
グリンピースはしっかりつぶしたほうが甘みが出るのでお試しを。

材料（2〜3人分）
グリンピース（あれば生、さやから出す）
　…1カップ
レタス…大1枚
玉ねぎ…½個（100g）
ベーコン（かたまり）…50g
オリーブ油…大さじ1
バター…10g
水…½カップ
小麦粉…小さじ2
昆布だし…2½カップ
ローリエ…1枚
塩、こしょう…各適量

❶ 具材の準備
玉ねぎはみじん切りに、ベーコンは棒状に切る。

❷ 蒸し煮にする
鍋にオリーブ油を中火で熱し、玉ねぎをしんなりするまで1分ほど炒める。グリンピース、バター、分量の水を加えてふたをし、煮立ったら弱めの中火にして15分ほど蒸し煮にする。途中、水分が少なくなったら少し足す。グリンピースを木ベラなどで粗くつぶす。

❸ 煮る
②に小麦粉をまんべんなく振り入れ、全体を混ぜる。粉っぽさがなくなったら昆布だし、ベーコン、ローリエを加え、ふたをずらしてのせ、弱火で10分ほど煮る。仕上げに塩、こしょうで味を調え、レタスを食べやすくちぎって加え、さっと火を通す。

にんじんのポタージュ (左下)

材料 (2〜3人分)
にんじん (乱切り)…1本分
玉ねぎ (薄切り)…½個分
ねぎ (小口切り)…½本分
米…小さじ2
サラダ油…大さじ½
水…½カップ
昆布だし…2カップ
A
　バター…10g
　牛乳…½カップ
　生クリーム…¼カップ
塩、こしょう、ブルーチーズ…各適量

① 蒸し煮にする
鍋にサラダ油を中火で熱し、野菜すべて、米を入れてさっと炒める。分量の水を加えてふたをし、煮立ったら弱めの中火にして15分ほど蒸し煮にする。途中、水分が少なくなったら少し足す。

② 煮る
①に昆布だしを加え、沸いてきたら弱火にして10分ほど煮て火を止める。粗熱がとれたらミキサーにかけてなめらかにする。鍋に戻して中火にかけ、Aを加え（分離してしまうので、沸騰させないよう注意）、塩、こしょうで味を調える。器に盛り、ブルーチーズをのせる。

Memo
にんじんのポタージュには、とろみに米を使うのがフランス人のこだわり。

かぶのポタージュ (左上)

材料 (2〜3人分)
かぶ (乱切り)…正味300g
玉ねぎ (薄切り)…½個分
ねぎ (小口切り)…½本分
サラダ油…大さじ½　水…½カップ
昆布だし…2カップ　パン粉…大さじ1
A
　⇒「にんじんのポタージュ」と同様
塩、こしょう、オリーブ油…各少々

① 蒸し煮にする
「にんじんのポタージュ」の作り方①と同様に野菜を炒め（米は入れない）、分量の水を加えてふたをし、10分ほど蒸し煮にする。

② 煮る
「にんじんのポタージュ」の作り方②で昆布だしを加えるときにパン粉を一緒に入れ、他は同様に作る。器に盛ってオリーブ油をたらす。

ごぼうのポタージュ (右)

材料 (2〜3人分)
ごぼう (5mm幅の斜め切り)…1本分
玉ねぎ (薄切り)…½個分
ねぎ (小口切り)…½本分
サラダ油…大さじ½　水…½カップ
昆布だし…2カップ　小麦粉…小さじ1
A
　⇒「にんじんのポタージュ」と同様
塩、こしょう…各少々
生ハム…2枚　セルフィーユ…適量

① 蒸し煮にする
鍋にサラダ油を中火で熱し、野菜すべてを入れてさっと炒める。分量の水を加えてふたをし、煮立ったら弱めの中火にして15分ほど蒸し煮にする。途中、水分が少なくなったら少し足す。

② 煮る
小麦粉をまんべんなく振り入れて全体を混ぜ、粉っぽさがなくなったら、「にんじんのポタージュ」の作り方②と同様に作る。器に盛ってちぎった生ハムとセルフィーユをのせる。

3種のポタージュ
Trois potages

ポタージュにするときは、少ない水分で野菜を
やわらかく蒸し煮にしてから水分を加えて延ばすのが
フランス流の作り方です。
野菜のおいしさがストレートに味わえます。

歯ごたえを残したエチュベ

Croquant

春野菜のエチュベ

Etuvée de légumes de printemps

コリコリ、ほくほく、サクサク……。
食感が持ち味の野菜を楽しむときは、短時間で蒸し煮にしましょう。
コツは、同じ季節の野菜を組み合わせることと、
味出しにも火の通りが早い魚介やささ身を加えることです。

材料（2〜3人分）
ゆでたけのこ（できれば新物）…100g
スナップえんどう…6本
グリーンアスパラガス…3〜4本
そら豆…5さや
鶏ささ身…2本
塩…適量
こしょう…少々
バター…15g
水…⅓カップ
粗びき黒こしょう…少々

❶ 具材の準備
ゆでたけのこは食べやすい大きさに切る。スナップえんどうは筋をとる。アスパラガスは根元の固い皮をピーラーでむき、食べやすい長さに切る。そら豆はさやから出し、薄皮をむく。鶏肉は筋をとって斜めにそぎ切りにし、塩、こしょう各少々をすり込む。

❷ 蒸し煮にする
鍋に①、バター、分量の水を入れ、ふたをして強めの中火にかける。煮立ったら中火にし、3分ほど蒸し煮にして、塩、粗びき黒こしょう各少々で味を調える。途中、水分が少なくなったら少し足す。鶏肉に火が通っていないようなら、再度ふたをして煮立つまで加熱して火を止め、そのままおいて余熱で火を通す。

かぶのエチュベ
Navets à l'étuvée

かぶのジューシーなおいしさを味わうなら、ぜひこの方法で。春のかぶが特においしいです。

れんこんのエチュベ
Renkons à l'étuvée

食感が楽しい野菜なので、短時間で煮てあえて歯ごたえを残すのが好み。長時間煮ると、むっちり感が楽しめます。

材料（2〜3人分）
かぶ…300g
バター…10g
水…¼カップ
塩、粗びき黒こしょう
…各適量

① 野菜の準備
かぶは茎を少し残して、皮つきのまま4〜6等分のくし形に切る。水に15分ほどつけ、茎の根元を開いて土を落とし、水けをしっかりきる。

② 蒸し煮にする
フライパンに①、バター、分量の水を入れ、ふたをして強めの中火にかける。煮立ったら中火にし、3分ほど蒸し煮にする。途中、水分が少なくなったら少し足す。

③ 焼き色をつける
②のふたをとり、火を強めて水分を飛ばし、全面にこんがりと焼き色をつけ、塩、粗びき黒こしょうで調味する。

材料（2〜3人分）
れんこん…200g
にんにく…1かけ
赤唐辛子…小1本
塩…適量
水…¼カップ
オリーブ油…大さじ1½

① 野菜の準備
れんこんは1cm厚さのいちょう切りにし、水でさっと洗い、水けをしっかりととる。

② 蒸し煮にする
フライパンにオリーブ油、にんにく（横薄切り）、赤唐辛子（種をとる）を入れ、弱めの中火で炒める。にんにく、赤唐辛子が色づいてきたら、れんこん、分量の水を入れ、ふたをして強めの中火にかける。煮立ったら火を弱め、3分ほど蒸し煮にする。途中、水分が少なくなったら少し足す。

③ 焼き色をつける
②のふたをとり、火を強めて水分を飛ばし、全面にこんがりと焼き色をつけ、塩で調味する。

ズッキーニのエチュベ
Courgettes à l'étuvée

長時間クタクタに煮てもおいしい野菜ですが、短時間で仕上げると瑞々しく美味。

パプリカのエチュベ
Poivrons à l'étuvée

短い時間での加熱なら、シャキシャキ感とフルーツのようなジューシーさが味わえます。

材料（2〜3人分）
パプリカ（赤）…2個
バター…10g
水…¼カップ
塩、こしょう…各適量

1 野菜の準備
パプリカはピーラーで皮をむく。ヘタと種をとり、乱切りにする。

2 蒸し煮にする
鍋にパプリカ、バター、分量の水を入れ、ふたをして強めの中火にかける。煮立ったら中火にして3分ほど蒸し煮にし、塩、こしょうで調味する。途中、水分が少なくなったら少し足す。

材料（2〜3人分）
ズッキーニ…大1本（200g）
オリーブ油…大さじ1
水…¼カップ
塩、こしょう…各適量
オレガノ…少々

1 野菜の準備
ズッキーニは1cm幅の輪切りにする。

2 蒸し煮にする
鍋にズッキーニ、オリーブ油、分量の水を入れ、ふたをして強めの中火にかける。煮立ったら中火にし、2分ほど蒸し煮にする。途中、水分が少なくなったら少し足す。塩、こしょうで調味し、オレガノを加えて全体に混ぜる。

オクラとえびのサブジ風
Crevettes aux gombos aux épices

アフリカやインド系のスパイスを利かせた料理は、
20〜30年前からフランスでよくみられるようになりました。
クミンとカレー粉の両方を入れることで、味が複雑になり、
おいしさが倍増。オクラとえびのコンビなら短時間ででき上がります。

材料（2〜3人分）
えび（殻つき）…6〜8尾
オクラ…10本
クミンシード…小さじ 1/3
カレー粉…大さじ1
サラダ油…大さじ1
水…1/4 カップ
塩、こしょう…各適量

❶ 具材の準備
えびは尾と1節を残して殻をむき、背ワタをとる。オクラは塩小さじ2を振ってまな板上でこすり、表面の産毛をとり、さっと水洗いしてガクを薄く削りとる。

❷ 蒸し煮にする
鍋にサラダ油、クミンシードを入れ、中火で炒める。香りが出てきたら①、カレー粉を入れてさっと炒める。分量の水を加え、ふたをして強めの中火にかける。煮立ったら中火にし、3分ほど蒸し煮にして、塩、こしょうで味を調える。途中、水分が少なくなったら、少し足す。

同じ味つけで、鶏肉といんげんの組み合わせや、
かぼちゃやじゃがいも、キャベツを単品で作ってもおいしい。

野菜とドライトマトのエチュベ
Légumes racine à l'étuvée

フランスにない根菜を味わってほしいと、在日フランス人をもてなしたら、
「こんなにおいしい野菜があるの!?」と驚かれた料理です。ドライトマトでインパクトを。

材料（2〜3人分）
ごぼう…大½本（70g）
れんこん…150g
長いも…100g
にんにく…1かけ
ドライトマト…20g
オリーブ油…大さじ2
白ワイン…⅓カップ
塩、こしょう…各適量

① 野菜の準備
ドライトマトは固いものはぬるま湯でもどし、粗みじんに切る。ごぼうは皮をこそげて5mm幅の斜め切り、れんこんは7mm厚さのいちょう切りにし、それぞれ水に5分ほどつけ、水けをきる。長いもは3cm長さ、1.5cm幅の棒状に切る。にんにくは芽をとり、横に薄切りにする。

② 蒸し煮にする
鍋にオリーブ油、ごぼうを入れて弱めの中火で3分ほど炒め、①の残りの野菜、白ワインを加えて強火にし、ふたをする。煮立ったら中火にして8分ほど蒸し煮にして、塩、こしょうで味を調える。途中、水分が少なくなったら少し水を足す。

火が通りにくいごぼうは、先にしっかりと炒めます。
他の材料を加えるのは、その後です。

ブロッコリーとカリフラワーのチーズマリネ
Brocoli et chou-fleur au parmesan

つけ合わせとして食べられることの多いこの2種類は、蒸し煮だけではちょっと味気ない。
そこで、粉チーズをたっぷりとかけたら大成功！ 子どもも大人も好きな味です。

材料（2〜3人分）
ブロッコリー…150g
カリフラワー…150g
バター…10g
水…¼カップ
塩、こしょう…各適量
パルメザンチーズ（粉）…大さじ1½

① 野菜の準備
ブロッコリー、カリフラワーは小房に分ける。

② 蒸し煮にする
鍋に①、バター、分量の水を入れ、ふたをして強めの中火にかける。煮立ったら中火にして3分ほど蒸し煮にし、塩、こしょうで味を調える。粗熱がとれたら、汁けをきってパルメザンチーズをまぶす。

春キャベツとあさりのエチュベ
Chou nouveau et palourdes à l'étuvée

春キャベツとあさりは春の出合いもの。
短時間の蒸し煮で、春キャベツのフレッシュさやシャキシャキ感を生かします。
あさりのだしを吸ったキャベツは、圧倒的なおいしさに！

材料（2人分）
春キャベツ…½個（500g）
あさり…300g
⇒濃度3％の塩水（分量外）に入れ、1時間ほどおいて砂抜きし、表面をこすり合わせて水洗いする。

オリーブ油…大さじ2
白ワイン…⅓カップ
塩、粗びき黒こしょう…各適量

❶ 野菜の準備
キャベツは芯をとり、ざく切りにする。

❷ 蒸し煮にする
鍋にあさり、オリーブ油大さじ1、白ワインを入れ、ふたをして強火にかける。約2分してあさりの口が開いたら、火を止め、あさりをとり出す。キャベツを入れ、再びふたをして強めの中火にかける。煮立ったら中火にし、3〜5分蒸し煮にして、塩、粗びき黒こしょうで味を調える。

❸ 盛りつける
器にキャベツ、あさりを盛り、残りのオリーブ油をかける。仕上げに粗びき黒こしょうを振る。

芽キャベツとプチヴェールのオイル煮
Choux de Bruxelles à l'étuvée

油で焼きつけたキャベツに目がありません。
芽キャベツとプチヴェールを蒸し煮にして焼き目をつけたところ、
香ばしさとジューシーさ、甘みと苦みがたまらない一品になりました。

材料（2人分）
芽キャベツ…6個
プチヴェール…6個
にんにく…1かけ
オリーブ油…大さじ1½
水…¼カップ
塩、こしょう…各適量

❶ 野菜の準備
芽キャベツは縦半分に切る。にんにくは芽をとり、横に薄切りにする。

❷ 蒸し煮にする
フライパンに①、プチヴェール、オリーブ油、分量の水を入れ、ふたをして強めの中火にかける。煮立ったら中火にし、3分ほど蒸し煮にする。ふたをとり、火を強めて水分を飛ばし、野菜の切り口に軽く焼き色をつけ、塩、こしょうで調味する。

Memo
・しっかりと焼き色をつけたいので、芽キャベツは半分に切りましょう。
・「プチヴェール」は芽キャベツとケールを掛け合わせたアブラナ科の野菜。加熱しても歯ごたえが残ります。

column 2
野菜ディップで
アペリティフ

「アペリティフに来ない!?」。フランス人は親しくなった友人を、軽い食事に誘うのが大好き。「アペリティフ」は本来は食前酒のことですが、ここでは「軽くつまみながら、おしゃべりしようよ」の意味。こんな素敵な習慣を盛り上げてくれるのが、野菜のディップです。野菜を蒸し煮にして軽くつぶし、味つけしたらでき上がり。最近のフランスのトレンドを真似て、パンではなくかぶや紅芯大根などのスライス野菜にのせて食べましょう。ヘルシーで口当たりが軽いので、食べ始めると止まりません。

Menu
ブロッコリー、かぼちゃ、
きのこ、じゃがいもとしらすのディップ
スライス野菜

column 2
Recipe

ブロッコリーのディップ

かぼちゃのスパイシーディップ

材料（作りやすい分量）
ブロッコリー…½個（150g）
にんにく…小1かけ
バター…10g
水…½カップ
生クリーム…約大さじ2
塩、こしょう…各少々

❶ 野菜の準備
ブロッコリーは小房に分ける。軸は皮を厚めにむき、小さく切る。にんにくは芽をとって薄切りに。

❷ 蒸し煮にする
鍋に①、バター、分量の水を入れ、ふたをして強めの中火にかける。煮立ったら中火にし、10〜15分蒸し煮にする。途中、水分がなくなったら少し足し、余分な水分が残っている場合はふたをとって水分を煮飛ばし、粗熱をとる。

❸ 細かくつぶし、調味する
ハンディーミキサーやフードプロセッサーなどで②を細かくつぶし、生クリーム、塩、こしょうを加え、味と固さを調える。

材料（作りやすい分量）
かぼちゃ…正味150g
バター…15g
水…½カップ
生クリーム…約大さじ2
カレー粉…小さじ1
塩、こしょう…各適量

❶ 野菜の準備
かぼちゃは種とワタ、皮をとり除き、1cm幅に切る。

❷ 蒸し煮にし、つぶす
鍋に①、バター、分量の水を入れ、ふたをして強めの中火にかける。煮立ったら中火にし、8分ほど蒸し煮にして、かぼちゃをやわらかくする。途中、水分がなくなったら少し足し、余分な水分が残っている場合はふたをとって、水分を煮飛ばし、熱いうちにフォークでなめらかにつぶす。

❸ 調味する
②に生クリームを加えて固さを調節し、カレー粉、塩、こしょうで味を調える。

きのこのディップ

材料（作りやすい分量）
しめじ…100g
しいたけ…100g
玉ねぎ…¼個
バター…10g
水…¼カップ
生クリーム…約大さじ2
塩、こしょう…各適量

❶ 野菜の準備
きのこは石づきをとり、玉ねぎと共に細かいみじん切りにする。

❷ 蒸し煮にする
鍋にバターを入れて中火にかけ、溶けて泡立ってきたら玉ねぎを入れて1分ほど炒め、きのこを加えてさっと炒める。分量の水を加え、ふたをして3分ほど蒸し煮にし、ふたをとって水分を煮飛ばす。

❸ 調味する
②に生クリームを加えて混ぜながら余分な水分を煮飛ばし、塩、こしょうで調味する。

じゃがいもとしらすのディップ

材料（作りやすい分量）
じゃがいも…大1個（200g）　オリーブ油…大さじ3
しらす…50g　　　　　　　牛乳…約大さじ3
にんにく…1かけ　　　　　塩、こしょう…各適量
水…½カップ

❶ 野菜の準備
じゃがいもはいちょう切りにする。にんにくは芽をとり、みじん切りにする。

❷ 蒸し煮にし、つぶす
鍋にじゃがいも、オリーブ油大さじ1、分量の水を入れ、ふたをして強めの中火にかける。煮立ったら中火にし、10分ほど蒸し煮にする。途中、水分がなくなったら少し足し、余分な水分が残っている場合はふたをとって水分を煮飛ばし、熱いうちにフォークでなめらかになるまでつぶす。

❸ しらすを加え、調味する
フライパンにオリーブ油大さじ1、にんにくを入れて炒め、香りが出てきたらしらすを加えてさっと炒め合わせる。火を止め、②、牛乳、オリーブ油大さじ1を加え混ぜて固さを調節し、塩、こしょうで味を調える。

3
Au four
オーブン焼き

オーブンは野菜をおいしくする道具の一つです。肉やケーキを焼くだけのものではありません。

　フランスでは、電子レンジのない家はあってもオーブンのない家庭はほとんどありません。それほどオーブンはフランス料理になくてはならない調理道具です。
　日本では、昔から食材を直にあぶるか、鍋を火にかけて調理するのが主流です。一方フランスでは、暖炉などの火のそばの熱い空気を利用して調理する方法が用いられてきました。最近は日本でもオーブンのある家庭が増えてきましたが、いまだにケーキやグラタン、かたまり肉を焼く⋯⋯といった特定の料理にしか利用していない人が多いよう。これは、とてももったいないことだと思います。

　というのも、オーブンほど手間がかからずに野菜をおいしく調理してくれる道具はないからです。オーブンはガス火のように下からだけでなく、360度から熱が当たります。そのため、素材をやさしい熱で包み込み、まんべんなく火を通します。やわらかい熱のため、ふたをして焼けば焦がさずに中までしっとりと火を通し、ふたをしないで焼けば余分な水分を飛ばして上手に焼き色をつけてくれる。また、野菜のうまみをじわじわと引き出すのも得意です。うまみを凝縮するという意味では「エチュベ（蒸し煮）」と似ていますが、オーブン料理は水分をほとんど使わない分、さらに野菜の味が濃くなります。
　また、ほったらかしにできることも、オーブンをおすすめする理由の１つです。オーブンに入れてしまえば手が空くので、その間に他の料理を作れます。素材を切らずに大きいままで焼けるのも、火口を汚さず、途中のケアが不必要なのもいいところ。日本の家庭でも、オーブンをもっと上手に活用し、野菜本来のうまみを生かした料理を手軽に味わってほしいと思います。

Au four
オーブン焼き、2つの方法

野菜に油などをコーティングして焼くだけ！オーブン料理は、もっとも手軽に野菜をおいしくできる調理法。こんがり、しっとり。野菜をどう食べたいかで、2つを使い分けて。

Grillée au four
オーブンタイプ

野菜の水分を飛ばしながら、こんがりとした焼き色をつけたいときの方法。野菜のみをそのまま焼くと干からびてしまうので、油などでコーティングして上手に水分を飛ばすのがコツ。野菜の甘みやうまみが凝縮され、味わいが濃くなります。肉や魚と一緒に焼けば、メインとサブが同時にでき上がり！

➡ P.098-107へ

Step.1

材料を並べる
天板にオーブンシートを敷き、切った野菜（ここではじゃがいも小3〜4個、玉ねぎ小2〜3個は皮つきのまま半分に切る）を並べる。

Step.2

コーティングし、焼く
塩、粗びき黒こしょう各少々を振り、サラダ油小さじ2をかけ、全体にからめる。200℃に予熱したオーブンに入れ、20〜25分焼く。

Step.3

焼き上がり
こんがりと焼き色がついたらでき上がり。香ばしい香りと共に、じゃがいもはホクホクとして、玉ねぎは口に入れると甘みが広がる。

コーティング素材

油
オリーブ油やサラダ油など。代わりにバターを使うことも。素材の水分が抜けすぎないようにする役目。

ワイン
赤、白は料理によって使い分けを。主にクローズ焼きの風味づけとして使う。肉や魚介の臭み消しにも。

チーズ
香ばしい焼き色と香りがつく。パルメザンチーズやブルーチーズ、ピザ用チーズなど好みのものを。

En papillote
クローズタイプ

野菜をしっとり、ジューシーに仕上げたいときの方法。油などでコーティングした野菜を耐熱皿に入れてアルミホイルでふたをするか、ストウブなどのオーブン使用可の鍋に入れて鍋ぶたをして焼きます。容器や鍋を通して熱が素材に入り、じっくりと蒸し焼きにされるため、甘みが増します。ふたを開けると、野菜のいい香りが立ち上がる！

➡ P.108-121へ

Step.1	Step.2	Step.3	Step.4

材料を並べる
耐熱皿、またはオーブン使用可の鍋に野菜を並べる。切り方は、オーブン焼きと同様に。

コーティングする
塩、粗びき黒こしょう各少々を振り、サラダ油小さじ2を全体にからめる。油をかける前に、ハーブやみじん切りにしたにんにくを加えても。

ふたをして焼く
アルミホイルでぴっちりとふたをする。オーブン使用可の鍋を使う場合は、鍋ぶたをする。200℃に予熱したオーブンに入れ、25〜30分焼く。

焼き上がり
竹串を刺してみて、中までやわらかくなったらでき上がり。ふたをすることで、野菜自身の水分で蒸し焼き状態になり、しっとりとして野菜の甘みが凝縮！

パン粉
油などと混ぜて野菜にのせて焼けば、こんがりとした焼き色とカリカリとした食感をプラス。

ホワイトソース
カリフラワーやほうれん草、ねぎなどの蒸し煮野菜にかけてオーブン焼きにすればグラチネに。

冷凍パイシート
パイ生地もコーティング素材の一つ。パイシートに野菜をのせ、油をかけて焼けば、手軽にパイの完成。

オープンタイプ

Grillée au four

いろいろ野菜のハーブ焼き
Grillade de légumes aux herbes

好きな野菜を天板に並べ、油でコーティングしてオーブンで焼くだけ。
なのに、野菜の味がすこぶる濃厚になり、ごちそう級の味わいに。
フランスでは肉も一緒に焼いて、メインもサブも同時に作るのが最近のトレンド。
火の通り具合によって野菜の切り方を加減するといいでしょう。

材料（2〜3人分）
にんじん（細いもの、オレンジ、黄、紫）
　…計4本
ねぎ…½本
グリーンアスパラガス…6本
オクラ…6本
トマト（枝つき）…1枝
カラーピーマン（赤、黄）…計3〜4個
ローズマリー…1枝
タイム…1枝
ローリエ…3〜4枚
オリーブ油…大さじ2〜3
つぶ塩、粗びき黒こしょう…各適量

❶ オーブンと野菜の準備
オーブンは200℃に予熱する。にんじんは縦半分に切り、ねぎは5〜6cm長さに切る。アスパラガスは根元を落とし、根元近くの固い皮をピーラーでむき、3本ずつタコ糸で縛る。オクラは塩小さじ2（分量外）を振ってまな板上でこすって表面の産毛をとり、水洗いする。それ以外の野菜はそのまま使う。

❷ オーブンで焼く
天板にオーブンシートを敷き、すべての野菜をおいてローズマリー、タイム、ローリエをのせる。オリーブ油をかけて全体にからめ、つぶ塩、粗びき黒こしょうを振り、オーブンで15〜20分焼く。

アスパラガスは焦げやすいので、タコ糸で縛り、
熱が直接当たる表面積を減らして焼きます。

ズッキーニのオーブン焼き
Courgette grillée au four

夏のバーベキューで登場することが多い料理。
大きめに切り、ふっくらとしたおいしさを楽しみましょう。
チーズを振りかけると、特有の青臭さがやわらぎます。

材料（2人分）
ズッキーニ…1本　オリーブ油…小さじ1
塩、こしょう…各適量
パルメザンチーズ（粉）…小さじ2

❶ オーブンと野菜の準備
オーブンは200℃に予熱する。ズッキーニは縦半分に切る。

❷ オーブンで焼く
天板にオーブンシートを敷いてズッキーニを並べ、オリーブ油をかけて全体にからめる。ズッキーニの切り口を上にし、塩、こしょう、パルメザンチーズを振り、オーブンで20分焼く。

トマトのガーリックオイル焼き
Tomate au four

こちらも夏の定番。にんにく風味が食欲をそそります。
食べるのはもちろん、肉のつけ合わせにもぴったり。
その場合は、くずしながらソースとして肉にからめても。

材料（2人分）
トマト…1個
にんにくのみじん切り…小さじ1/3
オリーブ油…大さじ1　塩、こしょう…各適量

❶ オーブンと野菜の準備
オーブンは200℃に予熱する。トマトは横半分に切る。にんにくはオリーブ油と混ぜ合わせる。

❷ オーブンで焼く
天板にオーブンシートを敷き、トマトの切り口を上にして並べる。塩、こしょうを振り、にんにくオイルをかけ、オーブンで15分焼く。

にんにくは焦げやすいので、必ず油と混ぜてからかけてください。

アボカドのマヨネーズ焼き
Avocat mayonnaise au four

焼いたアボカドはホクホクになり、生とは全然違うおいしさ。
日本人好みにマヨネーズにしましたが、
オリーブ油とハーブでシンプルに焼いても美味。

材料（2人分）
アボカド…1個　オリーブ油…小さじ1
マヨネーズ…大さじ2

❶ オーブンと野菜の準備
オーブンは200℃に予熱する。アボカドは包丁で縦にぐるりと切り込みを入れ、2等分にして種をとる。アボカドの切り口にオリーブ油をかける。

❷ オーブンで焼く
天板にオーブンシートを敷き、アボカドの切り口を上にして並べる。アボカドの種をとった部分にマヨネーズを入れ、オーブンで15〜20分焼く。

なすのロースト
Aubergine grillée au four

フランスでなすといえば、米なすのこと。
丸ごと焼き、半分に切ってとろとろになった実をどうぞ。
刻んで調味したものは「貧乏人のキャビア」といわれます。

材料（2人分）
米なす…1個　オリーブ油…大さじ1
つぶ塩、粗びき黒こしょう…各適量

❶ オーブンの準備
オーブンは200℃に予熱する。

❷ オーブンで焼く
天板にオーブンシートを敷き、なすを丸ごとのせ、オーブンで20〜30分焼く。竹串がスーッと通るくらいになったら焼き上がり。

❸ 仕上げ
なすを縦半分に切り、切り口を上にしてオリーブ油をかけ、つぶ塩と粗びき黒こしょうを振る。スプーンで実をすくって食べる。

トマト・ファルシ
Tomates farcies

この料理がないお惣菜屋さんを見つけるのは難しいほど、
フランスではポピュラーな料理。
中に入れるものは家や店でさまざまですが、ここではラタトゥイユ風に
夏野菜をひき肉と炒め合わせて詰めてみました。

材料（2〜3人分）
トマト（固め・大）…4個
パプリカ（赤）…1/3個
なす…小1本
玉ねぎ…1/3個
ズッキーニ…1/3本
にんにく…小1かけ
合いびき肉…100g
オリーブ油（炒め用）…大さじ1
A
　小麦粉…大さじ1/2
　塩、こしょう…各少々
　エルブ・ド・プロヴァンス…小さじ1/3

塩、こしょう…各少々
オリーブ油…大さじ1
※「エルブ・ド・プロヴァンス」は、タイムやセージ、
ローズマリーなどが入ったハーブミックス。

❶ 野菜の準備
トマトはヘタをつけたまま、上部を切りとり、ふた用にとっておく。器になるほうはスプーンで中身を浅めにくり抜き、キッチンペーパーの上に伏せてしばらくおき、水分をよくきる。トマトのくり抜いた中身は種部分をとり除き、軽く刻む。パプリカ、なす、玉ねぎ、ズッキーニは1cm角に切り、にんにくはみじん切りにする。

❷ 詰め物を作る
フライパンにオリーブ油、にんにくを入れて中火にかけ、香りが出てきたらひき肉を加えて軽く炒め、パプリカ、なす、玉ねぎ、ズッキーニを加えてさっと炒める。油が全体になじんだら、刻んだトマトを加えて混ぜ、ふたをして2分ほど蒸し煮にする。ふたをとり、水分がほぼなくなるまで煮詰め、Aを加えてさらに2分ほど加熱する。

❸ トマトに詰め、オーブンで焼く
オーブンは200℃に予熱する。天板にオーブンシートを敷き、①のトマトの器を並べ、内側に軽く塩、こしょうを振る。②を詰め、トマトのふたをのせ、オリーブ油をまんべんなくかけて、オーブンで10分焼く。

「ファルシ」とは、詰め物料理のことです。できたてのアツアツはもちろん、冷蔵庫で冷やしてもおいしいです。

カリフラワーのグラチネ

材料（2～3人分）
カリフラワー（小房に分ける）… ½個分（250g）
A
| バター… 10g
| 水 … ⅓カップ
塩、こしょう … 各少々

【 ホワイトソース 】
バター… 20g（常温に戻す）
小麦粉… 20g
牛乳… 1¼ カップ
塩、こしょう … 各少々

B
| パン粉 … 大さじ1
| サラダ油 … 小さじ1

❶ カリフラワーを蒸し煮にする
鍋にカリフラワーを入れてAを加え、ふたをして中火にかけ、8分ほど蒸し煮にする。途中、水分が少なくなったら少し足す。水分が残っているようなら軽く煮詰め、塩、こしょうで味を調える。

❷ ホワイトソースを作る
バターをヘラで練ってやわらかくし、耐熱ボウルに入れる。小麦粉を加え、泡立て器でなめらかになるまですり混ぜる。牛乳を加え、ラップをかけずに電子レンジで3分加熱する。とり出し、泡立て器で固形物が溶けるまでよく混ぜ合わせ、再び電子レンジで1分30秒加熱する。とり出して全体を混ぜ、同様にして1分30秒加熱し、塩、こしょうで味を調える。

❸ オーブンで焼く
オーブンは200℃に予熱する。グラタン皿に①を入れ、②をかける。Bを混ぜ合わせてかけ、オーブンで20分ほど、こんがりとした焼き色がつくまで焼く。

ほうれん草のグラチネ

材料（2～3人分）
ほうれん草… 250g
バター… 10g
塩、こしょう … 各少々

【 ソース・モルネー 】
ホワイトソース
　（「カリフラワーのグラチネ」と同様）… 全量
卵黄… 1個分
パルメザンチーズ（粉）… 大さじ1

パルメザンチーズ（粉）… 適量

❶ ほうれん草をソテーする
ほうれん草は熱湯でさっとゆでて水にさらし、水けをしっかりと絞り、4cm長さに切る。フライパンにバターを入れて火にかけ、バターが溶けて泡立ってきたら、ほうれん草を加えてさっと炒め、塩、こしょうで味を調える。

❷ ソース・モルネーを作る
「カリフラワーのグラチネ」の作り方②と同様にホワイトソースを作り、卵黄、パルメザンチーズを加えて手早く混ぜる。

❸ オーブンで焼く
オーブンは200℃に予熱する。グラタン皿に①を入れ、②、パルメザンチーズをかける。オーブンで20分ほど、焼き色がつくまで焼く。

2種のグラチネ
Deux gratinées

「グラチネ」は寒い冬に暖をとるための料理。
フランスでは、ホワイトソースを
野菜にかけて作るのが一般的です。
えぐみのある野菜には、ホワイトソースに
卵黄とチーズを混ぜた「ソース・モルネー」が合います。

かぶとぶりのスパイス焼き
Navets et buris grillés au four

冬においしくなるぶりを、同じく冬から旬を迎えるかぶと合わせました。
まず具材にハーブをまぶして上からオイルでコートすると、
スパイスが焦げず、魚の生臭みも気になりません。

材料（2〜3人分）
かぶ…中3個（400g）
ぶりの切り身…2切れ（200〜250g）
塩…小さじ1
カレー粉…小さじ2
オリーブ油…大さじ2
つぶ塩、粗びき黒こしょう…適量

❶ オーブンと具材の準備
オーブンは200℃に予熱する。ぶりは半分に切り、塩をまぶして10分ほどおき、さっと水洗いして水けを拭く。かぶは茎を2〜3cm残して皮ごと2〜4等分に切り、水に10分ほどつけて茎の根元の砂を出し、水けをしっかりと拭く。

❷ オーブンで焼く
ボウルにぶりとかぶ、カレー粉、オリーブ油を入れ、全体によくからめる。耐熱容器に移し、オーブンで15〜20分焼き、つぶ塩、粗びき黒こしょうを散らす。

きのこファルシ
Champignons farcis

ビストロでおなじみのファルシ。パン粉のカリカリ感とベーコンやにんにくのうまみ、パセリの香りがきのこと一体となります。きのこのスープが口の中でジュワッと広がります。

材料（20個分）
しいたけ（小）、マッシュルーム（大）…計20個
ベーコン…大1枚
にんにくのみじん切り…小さじ¼
パセリのみじん切り…大さじ1½
パン粉…⅓カップ
オリーブ油…大さじ1½
塩、こしょう…各少々

❶ オーブンと具材の準備
オーブンは200℃に予熱する。しいたけ、マッシュルームは軸を切る。軸は石づき部分をとり除き、残りをみじん切りにする。ベーコンは粗みじんにする。

❷ 詰め物を作る
ボウルにきのこの軸、ベーコン、にんにく、パセリ、パン粉、オリーブ油を入れて混ぜ合わせる。

❸ きのこに詰め、オーブンで焼く
天板にオーブンシートを敷く。きのこを逆さに並べ、塩、こしょうを振り、笠の中に②を詰める。オーブンで15〜20分、パン粉に軽く焼き色がつくまで焼く。

クローズタイプ
En papillote

玉ねぎとベーコンの蒸し焼き

Oignons et bacon en papillote

丸ごと焼いた玉ねぎの甘みととろりとしたおいしさは、
フランスのレストランで働いていたときのまかないで食べ、
衝撃を受けたほどです。それだけでも十分おいしいのですが、
ブロックベーコンを一緒に焼くとごちそう料理になります。

材料（2〜3人分）
玉ねぎ…小4個
ベーコン（かたまり）…200g
タイム…1枚
塩、こしょう…各適量
※タイムの代わりにエルブ・ド・プロヴァンス小さじ ½ でもOK。

❶ オーブンと具材の準備
オーブンは200℃に予熱する。玉ねぎは皮つき
のままアルミホイルで包む。ベーコンはタイムを
のせてアルミホイルで包む。

❷ オーブンで焼く
天板に玉ねぎを包んだアルミホイルをのせて25
分焼く。天板の空いているところにベーコンを包
んだアルミホイルをのせ、さらに15〜25分焼く。
玉ねぎに竹串がスーッと通るようになれば焼き上
がり。玉ねぎは皮をむき、好みで塩、こしょうを
振って食べる。

ブロッコリーの
にんにくオイル焼き

Brocolis à l'ail en papillote

房の部分が焦げやすいので、クローズ向きの野菜です。
にんにくやオイルを全体にからめ、焼くだけ。
炒めるよりも、野菜がホクホクに！

材料（2〜3人分）
ブロッコリー…小1個（200g）
にんにく…1かけ　塩、こしょう…各適量
オリーブ油…大さじ2

① オーブンと野菜の準備
オーブンは200℃に予熱する。ブロッコリーは小房に分け、にんにくはみじん切りにする。

② オーブンで焼く
ボウルにすべての材料を入れて全体に混ぜ、耐熱皿に入れ、水大さじ1（分量外）をかける。アルミホイルでぴっちりとふたをし、オーブンで15分ほど焼く。

里いものゴルゴンゾーラ焼き

Satoimo au gorgonzola

フランスではじゃがいもで作るところ、
日本の里いもでアレンジしたら、こちらもおいしい！
クセの強いブルーチーズが、里いもの土臭さと合います。

材料（2〜3人分）
里いも…4個（300g）
サラダ油…小さじ1
ゴルゴンゾーラなどのブルーチーズ…50g

① オーブンと野菜の準備
オーブンは200℃に予熱する。里いもは1cm厚さの輪切りにする。

② オーブンで焼く
耐熱皿に里いもを入れ、サラダ油をかけて全体にからめる。チーズをちぎって散らし、アルミホイルでぴっちりとふたをしてオーブンで25分ほど焼く。

にんじんの白ワイン焼き
Carottes aux raisins secs en papillote

水分が多いので、クローズ焼きでじっくり焼くと
おいしさがじわじわと引き出されます。ラペからの発想で、
レーズンを合わせたらデザートのようなおいしさに。

材料（2〜3人分）
にんじん…大1本（200g）
レーズン…大さじ2
塩、こしょう…各適量
オリーブ油…大さじ1
白ワイン…大さじ2

❶ オーブンと野菜の準備
オーブンは200℃に予熱する。にんじんは1cm
厚さの輪切りにし、大きいものは半月切りにする。

❷ オーブンで焼く
ボウルに白ワイン以外の材料を入れて全体に混ぜ、
耐熱皿に入れ、白ワインをかける。アルミホイル
でぴっちりとふたをし、オーブンで20分ほど焼く。

チコリのバター焼き
Endives en papillote

チコリはフランス名はアンディーブ。冬の定番野菜です。
生のまま、焼く、蒸し煮……など、いろいろな調理法で食べますが、
バターの香りが合うので、全体によくからめて焼きます。

材料（2〜3人分）
チコリ…2個
バター…15g
塩、粗びき黒こしょう…各適量

❶ オーブンと野菜の準備
チコリは根元を少し切り落とし、縦半分に切る。
耐熱容器にバターを入れ、電子レンジで15秒ほ
ど加熱して溶かし、チコリにからめる。オーブン
は200℃に予熱する。

❷ オーブンで焼く
チコリに水大さじ2（分量外）をかけ、塩、粗び
き黒こしょうを振る。アルミホイルでぴっちりと
ふたをし、オーブンで20分ほど焼く。

きのこと鶏むね肉のマスタード焼き

Poulet de Bresse en papillote aux champignons

この料理の主役は、フランス人も大好きなきのこ。
きのこの香りをとじこめたいので、クローズ焼きがおすすめです。
一緒に焼くのは、しっとり仕上げたほうがおいしい素材を。
そこで、パサつきがちな鶏むね肉やねぎを組み合わせました。

材料（2人分）

しいたけ、しめじ、エリンギ…計300g
ねぎ…½本
鶏むね肉…1枚（250g）
塩、こしょう…各適量
A
　｜ 粒マスタード…大さじ2
　｜ サラダ油…大さじ2

❶ 野菜の準備

きのこは石づきをとる。しいたけは4等分に、し
めじはほぐし、エリンギは食べやすい大きさに切
る。ねぎはぶつ切りにする。

❷ 鶏肉の準備

鶏肉は厚みを均一にして2等分に切り、塩小さ
じ⅓、こしょう少々をすり込む。ボウルにAを
入れて混ぜ合わせ、鶏肉を加えて全体にからめる。

❸ オーブンで焼く

オーブンは200℃に予熱する。耐熱皿にきのこ、
ねぎをのせ、塩、こしょう各少々を振る。②の
鶏肉をのせ、ボウルに残った調味料も全体にかけ
る。アルミホイルでぴっちりとふたをして、オー
ブンで30～40分焼く。

グリーン野菜とホタテの包み焼き
レモンくるみバター風味

Aumônière de coquille Saint-Jacques aux deux choux

レモンの皮のすりおろしと刻んだくるみを、バターに混ぜた
「レモンくるみバター」がおいしさの秘密。
バターとレモンを別々にのせた場合に比べて
一緒に溶け出していくので、レモンの香りが飛ばずに具材をふわりと包み込みます。

材料（4個分）
ブロッコリー…½個
芽キャベツ…6個
ベビーホタテ…12〜16個

【 レモンくるみバター 】
バター…20g（常温に戻す）
レモンの皮のすりおろし（国産・黄色い部分）
　…⅓個分
くるみ（素焼き）…10g
レモン汁…小さじ1

塩、こしょう…各少々

❶ レモンくるみバターを作る
バターはヘラで練ってやわらかくし、レモンの皮のすりおろし、刻んだくるみ、レモン汁を混ぜ合わせる。

❷ 具材の準備
ブロッコリーは小房に分け、芽キャベツは半分に切る。

❸ オーブンで焼く
オーブンは200℃に予熱する。オーブンシートを30×30cmに切って4枚作り、②、ベビーホタテを¼量ずつのせ、塩、こしょうを振り、①を¼量ずつのせる。巾着状に包んで口をタコ糸でしっかりと縛り、オーブンで15分ほど焼く。

- レモンくるみバターは多めに作っても。棒状にしてラップに包み、
  冷凍庫で保存しておけば3カ月はもちます。
  その場合は冷凍したまま切り、凍ったまま具材にのせて使います。
- レモンとくるみの代わりに、バジルやパセリなどを混ぜた
  ハーブバター、カレー粉やクミンシードを混ぜたスパイスバター、
  松の実やくるみを混ぜた木の実バター、
  おろしにんにくを混ぜたにんにくバターもおいしい。

白身魚の南仏風蒸し焼き

Filet de dorade à la provençale

フランスでもおなじみの重ね蒸し焼きは、魚の表面を乾燥させず、
身をくずさず焼き上げたいときに適した調理法です。
トマトのうまみを白身魚が受け止め、おいしさを逃がしません。
一緒に食べると、口の中でトマトがソースの役目をしてくれます。

材料（2人分）
たいなどの白身魚…2切れ（200〜250g）
パセリのみじん切り…小さじ1
アンチョビフィレ…1枚
トマトの薄切り（1cm幅）…2枚
レモンの薄切り（国産）…2枚
セロリの葉…適量
レモン汁…大さじ1
塩、こしょう…各適量
ローリエ…1枚

❶ 魚の準備
白身魚は塩小さじ1を振って10分ほどおき、水洗いして水けを拭きとる。

❷ オーブンで焼く
オーブンは200℃に予熱する。耐熱皿に①の白身魚をのせる。パセリを振り、アンチョビをちぎってのせ、トマト、レモンをおき、塩、こしょう各少々を振る。セロリの葉をおき、レモン汁をかけ、ローリエをのせる。アルミホイルでぴっちりとふたをし、オーブンで15〜20分焼く。

肉で重ね焼きを作る場合は、豚肉などの身が詰まった肉よりも、
鶏ささ身や鶏むね肉などの身がやわらかく、あっさりとした味わいの
ものが合います。

紫キャベツのココット焼き

Marmite de saucisse au chou rouge

紫キャベツはキャベツよりも肉厚で味わいが濃いので、
オーブンでじっくり焼くとおいしい野菜です。
赤ワインビネガー、ドライフルーツでコクを、ソーセージでうまみをプラスすると、
見た目も華やかなメイン料理に昇格。食べごたえが一気に増します。

材料（2～3人分）

紫キャベツ…½個（500g）
ソーセージ（太いもの）…1本
サラダ油…大さじ1
A
| 塩…小さじ½
| こしょう…適量
| 白ワイン…⅓カップ
| 赤ワインビネガー…大さじ1
| ドライブルーベリー…⅓カップ
タイム、ローリエ…各適量
バター…10g

❶ 具材の準備

ソーセージは食べやすい大きさに切る。紫キャベツは芯をとり、ざく切りにする。鍋にサラダ油を熱し、紫キャベツを入れてさっと炒め、Aを加えてさっと炒め合わせる。

❷ オーブンで焼く

オーブンは200℃に予熱する。鍋がオーブン焼き可能なものなら、ソーセージ、タイム、ローリエを加え、ふたをして（または耐熱皿に移し、アルミホイルでぴっちりとふたをする）、オーブンで30～40分焼く。焼き上がりにバターを加え、全体に混ぜる。

りんご、セロリ、鶏肉のココット焼き
Marmite de poulet à la pomme et au céleri

りんごの産地・ノルマンディ地方では、
肉にアップルソースをかけた料理をよく見かけます。
それをヒントに、りんごと相性のいいセロリを合わせました。
煮くずれたりんごと鶏肉のうまみで、セロリをたくさん、おいしくいただけます。

材料（2～3人分）
りんご（紅玉など）…2個
セロリ…3本（300g）
鶏もも肉…1枚
A
｜ 塩…小さじ½
｜ こしょう…少々
バター…10g
白ワイン…⅓カップ
塩、粗びき黒こしょう…各適量

❶ 具材の準備
鶏肉は余分な脂をとって一口大に切り、Aをすり込む。りんごは皮つきのまま縦半分に切り、芯をとる。セロリは筋をとって大きめに切る。

❷ 炒める
鍋にバターを入れて強めの中火にかけて溶かし、鶏肉をさっと炒める。りんごとセロリを加えて全体を軽く混ぜ合わせ、白ワインを加え、ひと煮立ちさせて火を止める。

❸ オーブンで焼く
オーブンは200℃に予熱する。鍋がオーブン焼き可能なものならふたをして（または耐熱皿に移し、アルミホイルでぴっちりとふたをする）、オーブンで30～40分焼く。仕上げに、塩、粗びき黒こしょうを振る。

- りんごは皮つきのまま使うと皮に含まれるうまみも加わります。酸味があってほどよく煮くずれる「紅玉」がおすすめですが、好みのもので。
- りんごつながりで白ワインの代わりにシードルを使うもよし、仕上げにサワークリームをのせるとクリーミーに。

column 3
週末の
ごちそうディナー

週末は家族で、豪華なディナーを楽しみませんか。おすすめするのは、オーブンをフル活用する方法。前日に豚肉を塩漬けする→当日はトマトパイを焼く→塩豚をローストする→焼いている間にクレソンのサラダを準備……の順なら段取りよく作れます。塩漬けにした豚肉は、余分な水分が抜けてうまみが凝縮！　一緒に加熱した玉ねぎがソースになり、共に食べると極上のおいしさ。野菜の甘みたっぷりのサクサクパイ、苦みがおいしいクレソンサラダも手伝って、ワインが進みます。

Menu
塩豚のロースト　オニオンソース
トマトパイ
クレソンとマッシュルームのサラダ

column 3 Recipe

塩豚のロースト　オニオンソース

材料（3〜4人分）
豚肩ロース肉（かたまり）…600g
玉ねぎ…2個
にんにく…1かけ
じゃがいも…小4個
粗塩…小さじ2
サラダ油…大さじ½
白ワイン…⅓カップ

❶ 塩豚を作る
豚肉に粗塩を全体にすり込む。キッチンペーパーを敷いたバットにのせ、ラップをかけて冷蔵庫で1日ほどおく。

❷ 野菜の準備
玉ねぎは横に薄切りにする。にんにくは半分に切り、芽をとって薄切りにする。じゃがいもはたわしで皮をきれいにこすり洗う。

❸ 塩豚を焼きつける＆オーブンの準備
①の塩豚の表面に出た水分をキッチンペーパーで拭きとる。オーブン使用可の鍋にサラダ油を熱し、塩豚を入れ、表面に軽く焼き色をつけてとり出す。オーブンは200℃に予熱する。

❹ オーブンで焼く
③の鍋に玉ねぎ、にんにくを敷き詰め、塩豚をのせ、すき間にじゃがいもを入れる。中火にかけて白ワインを加え、煮立ったら火を止め、ふたをして鍋ごとオーブンで50分〜1時間焼く。肉に竹串を刺し、肉汁が赤くなければ焼き上がり。

Memo
・オーブン使用可の鍋がない場合は、フライパンで塩豚を焼きつけ、耐熱皿に他の具材と共に同様にのせ、アルミホイルでぴっちりとふたをしてオーブンで焼きます。
・焼きたてをすぐに切ると肉汁が出てしまうので、焼き上がったら15分ほどおいて肉汁を落ち着かせてから切りましょう。

トマトパイ

材料（2人分）
トマト…大1個
冷凍パイシート…½枚（75g）
オリーブ油…小さじ1
塩、こしょう…各適量

❶ 野菜、パイシートの準備
トマトは縦半分に切ってヘタをとり、形をくずさないように3mm幅に切る。冷凍パイシートは半分に切り、正方形にする。

❷ オーブンで焼く
オーブンは200℃に予熱する。冷凍パイシートの全面に、トマトの薄切り半量を少しずつずらしてのせる。トマトがずれないように気をつけながら表面にオリーブ油をスプーンの背などで塗り、塩、こしょうを振る。オーブンでこんがりと焼き色がつくまで25～30分焼く。

Memo
・ここではバター100％の冷凍パイシートを使用。マーガリンを多く使用している冷凍パイシートは大きく膨らむことが多いので、トマトをのせる前にフォークで数カ所穴を開けてから（＝ピケ）使いましょう。
・トマトの代わりに、スライスした玉ねぎでもおいしい。

クレソンとマッシュルームのサラダ

材料（2人分）
クレソン…2～3束
マッシュルーム…3個

【 フレンチドレッシング 】
赤ワインビネガー…小さじ2
フレンチマスタード…小さじ⅔
塩、こしょう…各少々
サラダ油…大さじ2

❶ 野菜の準備
クレソンは食べやすい長さに切り、水につけてパリッとさせ、水けをしっかりととる。マッシュルームは3mm幅に切る。

❷ フレンチドレッシングを作る
大きめのボウルに、赤ワインビネガー、マスタード、塩、こしょうを入れてよく混ぜる。塩が溶けたらサラダ油を少しずつ加え、さらによく混ぜる。

❸ あえる
②に①を加え、全体にからめる。

野菜

あ アスパラガス（グリーン・ホワイト）
- アスパラガスとポーチドエッグのサラダ ...... P. 048
- カラフル野菜のゼリー ...... P. 056
- ホワイトアスパラガスのエチュベ ...... P. 066
- 春野菜のエチュベ ...... P. 080
- いろいろ野菜のハーブ焼き ...... P. 098

い イタリアンパセリ
- サラダ・グルマンド ...... P. 036
- ハーブサラダ ...... P. 043

え エンダイブ
- 焼きシェーブルサラダ ...... P. 037

お オクラ
- オクラとえびのサブジ風 ...... P. 084
- いろいろ野菜のハーブ焼き ...... P. 098

か かぶ
- かぶのポタージュ ...... P. 078
- かぶのエチュベ ...... P. 082
- かぶとぶりのスパイス焼き ...... P. 106

かぼちゃ
- 揚げ野菜のマリネ ...... P. 052
- さつまいもとかぼちゃのスパイスハニーバター ...... P. 075
- かぼちゃのスパイシーディップ ...... P. 090

カリフラワー
- カリフラワーとホタテのオレンジマリネ ...... P. 024
- ブロッコリーとカリフラワーのチーズマリネ ...... P. 086
- カリフラワーのグラチネ ...... P. 104

き キャベツ・紫キャベツ・芽キャベツ
- サラダ・ナタリー ...... P. 020
- 春キャベツとあさりのエチュベ ...... P. 088
- 芽キャベツとプチヴェールのオイル煮 ...... P. 089
- グリーン野菜とホタテの包み焼き レモンくるみバター風味 ...... P. 114
- 紫キャベツのココット焼き ...... P. 118

きゅうり
- サーモンのタルタル ...... P. 039
- きゅうりとディルのヨーグルトサラダ ...... P. 040

く グリーンカール
- サラダ・グルマンド ...... P. 036
- グリーンサラダ ...... P. 042
- サラダボックス ...... P. 056

グリンピース
- グリンピースとレタスのスープ ...... P. 077

クレソン
- ステーキサラダ ...... P. 030
- クレソンとマッシュルームのサラダ ...... P. 122

こ こごみ
- サラダボックス ...... P. 056

ごぼう
- 焼き根菜と豚肉のサラダ ドライフルーツヴィネグレット ...... P. 034
- ごぼうのポタージュ ...... P. 078
- 野菜とドライトマトのエチュベ ...... P. 086

小松菜
- 小松菜のサラダ ベーコンドレッシング ...... P. 050
- 小松菜のエチュベ ...... P. 066

さ さやいんげん
- いんげんとくるみのサラダ ...... P. 045
- いんげんと塩豚のエチュベ ...... P. 074

サラダ菜
- サラダ・パリジェンヌ ...... P. 016
- グリーンサラダ ...... P. 042
- サラダボックス ...... P. 056

す ズッキーニ
- 揚げ野菜のマリネ ...... P. 052
- ズッキーニのエチュベ ...... P. 083
- ズッキーニのオーブン焼き ...... P. 100
- トマト・ファルシ ...... P. 102

スナップえんどう
- サラダボックス ...... P. 056
- 春野菜のエチュベ ...... P. 080

せ セルフィーユ
- サラダ・グルマンド ...... P. 036
- ハーブサラダ ...... P. 043

セロリ
- サーモンのタルタル ...... P. 039
- セロリ・レムラード ...... P. 055
- スープ・ペイザンヌ ...... P. 076
- りんご、セロリ、鶏肉のココット焼き ...... P. 120

そ そら豆
- 春野菜のエチュベ ...... P. 080

た たけのこ
- 春野菜のエチュベ ...... P. 080

玉ねぎ・紫玉ねぎ
- 赤いサラダ ...... P. 027
- サラダ・キヌア ...... P. 032
- きのこと豆のマリネ ...... P. 038
- トマトサラダ ...... P. 044
- いんげんとくるみのサラダ ...... P. 045
- じゃがいものサラダ ソース・ラヴィゴット ...... P. 054
- 玉ねぎと鶏肉のタジン風 ...... P. 068
- いんげんと塩豚のエチュベ ...... P. 074
- スープ・ペイザンヌ ...... P. 076
- グリンピースとレタスのスープ ...... P. 077
- かぶのポタージュ ...... P. 078
- ごぼうのポタージュ ...... P. 078
- にんじんのポタージュ ...... P. 078
- トマト・ファルシ ...... P. 102
- 玉ねぎとベーコンの蒸し焼き ...... P. 108
- 塩豚のロースト オニオンソース ...... P. 122

ち チコリ
- イチジクと生ハムのサラダ ...... P. 022
- グリーンサラダ ...... P. 042
- チコリのバター焼き ...... P. 111

て ディル
- サーモンのタルタル ...... P. 039
- きゅうりとディルのヨーグルトサラダ ...... P. 040
- ハーブサラダ ...... P. 043

と トマト・ミニトマト
- サラダ・ニソワーズ ...... P. 018
- サラダ・キヌア ...... P. 032
- トマトサラダ ...... P. 044

カラフル野菜のゼリー .... P. 056
米なすとトマトの南仏蒸し .... P. 064
いろいろ野菜のハーブ焼き .... P. 098
トマトのガーリックオイル焼き .... P. 100
トマト・ファルシ .... P. 102
白身魚の南仏風蒸し焼き .... P. 116
トマトパイ .... P. 122

トレビス
　赤いサラダ .... P. 027

な　なす・米なす
　米なすとトマトの南仏蒸し .... P. 064
　なすのロースト .... P. 101
　トマト・ファルシ .... P. 102

に　にんじん
　キャロットラペ .... P. 044
　にんじんのエチュベ .... P. 067
　スープ・ペイザンヌ .... P. 076
　にんじんのポタージュ .... P. 078
　いろいろ野菜のハーブ焼き .... P. 098
　にんじんの白ワイン焼き .... P. 111

ね　ねぎ
　ねぎのエチュベ .... P. 067
　スープ・ペイザンス .... P. 076
　かぶのポタージュ .... P. 078
　ごぼうのポタージュ .... P. 078
　にんじんのポタージュ .... P. 078
　いろいろ野菜のハーブ焼き .... P. 098
　きのこと鶏むね肉のマスタード焼き .... P. 112

は　白菜
　白いサラダ .... P. 026
　白菜とポルチーニのクリーム蒸し煮 .... P. 070

パプリカ（赤・黄）
　焼きパプリカのマリネ .... P. 045
　パプリカのエチュベ .... P. 083
　トマト・ファルシ .... P. 102

ひ　ビーツ
　赤いサラダ .... P. 027

ピーマン
　いろいろ野菜のハーブ焼き .... P. 098

ふ　プチヴェール
　芽キャベツとプチヴェールのオイル煮 .... P. 089

ブロッコリー
　ブロッコリーとカリフラワーのチーズマリネ .... P. 086
　ブロッコリーのディップ .... P. 090
　ブロッコリーのにんにくオイル焼き .... P. 110
　グリーン野菜とホタテの包み焼き レモンくるみバター風味 .... P. 114

へ　ベビーリーフ
　焼きシェーブルサラダ .... P. 037

ほ　ほうれん草
　ほうれん草のグラチネ .... P. 104

や　ヤングコーン
　カラフル野菜のゼリー .... P. 056

ら　ラディッシュ
　ステーキサラダ .... P. 030

る　ルッコラ
　サラダ・ニソワーズ .... P. 018

れ　レタス・サニーレタス
　サラダボックス .... P. 056
　グリンピースとレタスのスープ .... P. 077

れんこん
　焼き根菜と豚肉のサラダ ドライフルーツヴィネグレット .... P. 034
　揚げ野菜のマリネ .... P. 052
　れんこんのエチュベ .... P. 082
　野菜とドライトマトのエチュベ .... P. 086

ろ　ロメインレタス
　ステーキサラダ .... P. 030

きのこ類

え　エリンギ
　きのこと豆のマリネ .... P. 112
　きのこと鶏むね肉のマスタード焼き .... P. 038

し　しいたけ
　きのこと豆のマリネ .... P. 038
　きのこのディップ .... P. 090
　きのこファルシ .... P. 107
　きのこと鶏むね肉のマスタード焼き .... P. 112

しめじ
　きのこと豆のマリネ .... P. 038
　きのこのディップ .... P. 090
　きのこと鶏むね肉のマスタード焼き .... P. 112

ほ　ポルチーニ（乾燥）
　白菜とポルチーニのクリーム蒸し煮 .... P. 070

ま　マッシュルーム
　サラダ・パリジェンヌ .... P. 016
　きのこファルシ .... P. 107
　クレソンとマッシュルームのサラダ .... P. 122

いも類

さ　さつまいも
　さつまいもとかぼちゃのスパイスハニーバター .... P. 075

里いも
　里いものゴルゴンゾーラ焼き .... P. 110

し　じゃがいも
　サーモンのタルタル .... P. 039
　じゃがいものサラダ ソース・ラヴィゴット .... P. 054
　セロリ・レムラード .... P. 055
　じゃがいもとたらのオイル蒸し煮 .... P. 072
　じゃがいもとしらすのディップ .... P. 090
　塩豚のロースト オニオンソース .... P. 122

な　長いも
　野菜とドライトマトのエチュベ .... P. 086

豆類

し　白いんげん豆
　きのこと豆のマリネ .... P. 038

ひ　ひよこ豆
　玉ねぎと鶏肉のタジン風 .... P. 068

上田淳子 Junko Ueda

料理研究家。神戸市生まれ。辻学園調理技術専門学校卒業後、同校の西洋料理研究職員を経て渡欧。スイスのホテルやベッカライ（パン屋）、フランスではミシュランの星つきレストラン、シャルキュトリー（ハム・ソーセージ専門店）などで約3年間料理修業を積む。帰国後、シェフパティシエを経て、料理研究家として独立。自宅で料理教室を主宰するほか、雑誌やテレビ、広告などで活躍。ワインに合う日本食の提案イベントや、双子の男の子の母としての経験をいかした子どもの食育についての活動も行う。著書は『毎日おいしいマリネとフランス仕込みのおそうざい』（日本文芸社）、『はじめてのシャルキュトリー』（河出書房新社）など多数。

フランス人は、3つの調理法で野菜を食べる。 NDC596

2016年 9月12日　発行
2023年 2月 6日　第 7 刷

著　者　上田淳子

発行人　小川雄一
発行所　株式会社 誠文堂新光社
　　　　〒113-0033　東京都文京区本郷3-3-11
　　　　TEL 03-5800-5780
　　　　https://www.seibundo-shinkosha.net/

印刷・製本　図書印刷 株式会社

©2016, Junko Ueda.
Printed in Japan
検印省略　禁・無断転載
落丁・乱丁本はお取り替え致します。

本書のコピー、スキャン、デジタル化等の無断複製は、著作権法上での例外を除き、禁じられています。
本書を代行業者等の第三者に依頼してスキャンやデジタル化することは、たとえ個人や家庭内での利用であっても著作権法上認められません。
本書に掲載された記事の著作権は著者に帰属します。
これらを無断で使用し、展示・販売・レンタル・講習会などを行うことを禁じます。

JCOPY <（一社）出版者著作権管理機構 委託出版物>
本書を無断で複製複写（コピー）することは、著作権法上での例外を除き、禁じられています。本書をコピーされる場合は、そのつど事前に、（一社）出版者著作権管理機構（電話 03-5244-5088／ FAX 03-5244-5089／ e-mail:info@jcopy.or.jp）の許諾を得てください。

ISBN978-4-416-71604-5

Staff

撮影：新居明子
ブックデザイン：福間優子
スタイリング：花沢理恵
フランス語訳：Adélaïde GRALL ／ Juli ROUMET
校正：ヴェリタ
編集：飯村いずみ
プリンティングディレクション：丹下善尚（図書印刷）
調理アシスタント：松田明奈

Cooperation

オルネ ド フォイユ　03-3499-0140
ジョイント（リーノ・エ・リーナ、トリュフ）
　03-3723-4270
デニオ総合研究所（LIBBEY、Le Parfait、T & G）
　03-6450-5711
ツヴィリング J.A. ヘンケルス ジャパン（STAUB）
　0120-75-7155
ル・クルーゼ（カスタマーダイヤル）03-3585-0198